Dokumentation in agilen Projekten

 **Dr. Andreas Rüping** ist freiberuflicher IT-Berater mit dem Schwerpunkt Webapplikationen und lebt in Hamburg. Er favorisiert ein agiles Vorgehen im Projektalltag und unterstützt Unternehmen bei der Durchführung agiler Entwicklungsprojekte. Er ist aktives Mitglied der europäischen Pattern Community und Autor mehrerer Artikel und Fachbücher zu verschiedenen Themen der Softwareentwicklung, insbesondere Content Management und Dokumentation.

Andreas Rüping

Dokumentation in agilen Projekten

Lösungsmuster für ein bedarfsgerechtes Vorgehen

Andreas Rüping
andreas.rueping@rueping.info

Lektorat: Christa Preisendanz
Copy-Editing: Ursula Zimpfer, Herrenberg
Herstellung: Birgit Bäuerlein
Umschlaggestaltung: Helmut Kraus, www.exclam.de
Druck und Bindung: M.P. Media-Print Informationstechnologie GmbH, 33100 Paderborn

Bibliografische Information der Deutschen Nationalbibliothek
Die Deutsche Nationalbibliothek verzeichnet diese Publikation in der Deutschen Nationalbibliografie;
detaillierte bibliografische Daten sind im Internet über http://dnb.d-nb.de abrufbar.

ISBN 978-3-86490-040-2

1. Auflage 2013
Copyright © 2013 dpunkt.verlag GmbH
Ringstraße 19 B
69115 Heidelberg

Die vorliegende Publikation ist urheberrechtlich geschützt. Alle Rechte vorbehalten. Die Verwendung
der Texte und Abbildungen, auch auszugsweise, ist ohne die schriftliche Zustimmung des Verlags
urheberrechtswidrig und daher strafbar. Dies gilt insbesondere für die Vervielfältigung, Übersetzung
oder die Verwendung in elektronischen Systemen.
Es wird darauf hingewiesen, dass die im Buch verwendeten Soft- und Hardware-Bezeichnungen sowie
Markennamen und Produktbezeichnungen der jeweiligen Firmen im Allgemeinen warenzeichen-,
marken- oder patentrechtlichem Schutz unterliegen.
Alle Angaben und Programme in diesem Buch wurden mit größter Sorgfalt kontrolliert. Weder Autor
noch Verlag können jedoch für Schäden haftbar gemacht werden, die in Zusammenhang mit der
Verwendung dieses Buches stehen.

5 4 3 2 1 0

Vorwort

Agile Verfahren haben in den letzten Jahren viel frischen Wind in die Softwareentwicklung gebracht. eXtreme Programming, Scrum, Kanban und Co. haben einige Popularität erreicht und sind heute in vielen Softwareprojekten die Methode der Wahl. Im Zuge dieser Entwicklung ist eine Reihe von Praktiken in den Alltag der Softwareentwicklung eingezogen, die sich im Projektalltag immer wieder als erfolgreich herausgestellt haben. Typische Beispiele dieser agilen Praktiken sind inkrementelle Prozesse, testgetriebene Entwicklung, enge Kooperation mit dem Kunden sowie die regelmäßige Reflexion des eigenen Vorgehens.

Gute Dokumentation ist als Merkmal agiler Verfahren weniger bekannt. Eher ist das Gegenteil der Fall: Eines der Markenzeichen agiler Verfahren ist, dass sie eine kritische Sicht auf die Dokumentation im Projekt einnehmen. Im Agilen Manifest, das die Grundzüge agiler Softwareentwicklung zusammenfasst, wird die umfassende Dokumentation den weniger wichtigen Dingen im Projekt zugeordnet.

Bedeutet dies, dass Dokumentation in agil durchgeführten Projekten keine nennenswerte Rolle spielen soll? Oder gar, dass agile Verfahren empfehlen, auf Dokumentation vollständig zu verzichten? Die Antwort hierauf lautet natürlich: nein. Agile Verfahren behaupten nicht, dass Dokumentation unnötig sei. Was sie allerdings tun, ist die Bedeutung von Dokumentation kritisch zu hinterfragen. Agile Verfahren empfehlen, nur solche Dokumentation anzufertigen, die den Aufwand der Erstellung auch wert ist. Sie weigern sich, Dokumentation als Selbstzweck zu begreifen: Dokumentation muss einen echten Nutzen haben, andernfalls ist sie verzichtbar. Was das konkret bedeutet, davon handelt dieses Buch. Das Buch kann Ihnen dabei helfen, in Ihren Projekten agiler zu werden, was Fragen der Dokumentation angeht.

Das Buch ist dabei auf keine spezielle agile Methode festgelegt. Es orientiert sich an agilen Praktiken im Allgemeinen. Sie können das Buch einsetzen, unabhängig davon, welche agile Methode Sie in Ihrem Projekt anwenden. Sie können das Buch insbesondere auch dann nutzen, wenn Sie in Ihrem Projektalltag bislang noch keine agilen Verfahren einsetzen, aber den Wunsch haben, im Hinblick auf die Dokumentation erste Schritte in Richtung eines agilen Vorgehens zu wagen. In diesem Fall wird Ihnen einiges von dem, was dieses Buch empfiehlt, möglicherweise ungewohnt vorkommen. Lassen Sie sich davon aber nicht irritieren. Natürlich bricht dieses Buch mit einigen traditionellen Vorstellungen von Dokumentation. Es zeigt aber auch, dass Sie, um agil vorzugehen, nicht all die Dinge über Bord werfen müssen, die Ihnen an einer soliden Dokumentation wichtig sind. Im Gegenteil: Das Buch soll Ihnen helfen herauszufinden, welche Praktiken zur Dokumentation sinnvoll sind, und diese dann auch in die Tat umzusetzen.

Die Tipps, die Ihnen dieses Buch gibt, gehen auf Erfahrungen zurück, die ich selbst, aber auch viele Kollegen in Softwareentwicklungsprojekten unterschiedlicher Größe gemacht haben. Natürlich sind die Anforderungen und Bedürfnisse in jedem Projekt unterschiedlich, gerade auch was die Dokumentation angeht. In jedem Fall kann Ihnen dieses Buch praktische Hinweise darauf geben, wie Sie die Vorteile agilen Vorgehens für die Planung, Erstellung und Verwendung der Dokumentation in Ihren Projekten nutzen können.

Ich wünsche Ihnen viel Erfolg dabei, die in diesem Buch beschriebenen Praktiken in Ihren Projekten anzuwenden.

Andreas Rüping
Hamburg, April 2013

Danke

Beim Schreiben eines Buchs ist es immer hilfreich, wenn man Feedback und auch die Ideen anderer einfließen lassen kann. Ganz besonders gilt dies beim Schreiben von Mustern (Patterns), weil Muster allgemeine Erfahrungen aus der Praxis repräsentieren (und eben nicht nur eigene Ideen). Ein großer Teil dieses Buchs besteht aus Mustern, die ich über Jahre hinweg immer wieder habe beobachten können. In diesem Sinne gilt mein Dank den Kollegen in vielen Projekten, mit denen zusammen ich eine Menge über agile Entwicklung gelernt habe, wie auch über gute Dokumentation.

Mein Dank gilt ebenso den Teilnehmern der europäischen Konferenz über Software Patterns (EuroPLoP), die mir über viele Jahre hinweg wertvolles Feedback zu meinen Dokumentationsmustern gegeben haben. Dieses Feedback hat mich vor zehn Jahren dazu motiviert, ein englischsprachiges Buch mit dem Titel *Agile Documentation* zu schreiben, und auch den Lesern dieses Buchs möchte ich meinen Dank aussprechen.

Während der letzten Jahre habe ich für die Deutsche Informatik-Akademie (DIA) Seminare zum Thema *Agile Dokumentation* gehalten. Mein Dank geht an die Organisatoren bei der DIA sowie an die Seminarteilnehmer für viele interessante Fragen und Anmerkungen.

Die Idee zu diesem deutschsprachigen Buch geht auf den dpunkt.verlag zurück. Mein herzlicher Dank gilt zunächst Frau Christa Preisendanz für ihre Anregung, ein solches Buch ins Auge zu fassen, wie auch für die Übernahme des Lektorats. Bedanken möchte ich mich außerdem bei Frau Vanessa Wittmer für ihr Engagement bei der Suche nach einem schönen Cover und bei Frau Nadine Thiele für die Unterstützung bei technischen Fragen der Textverarbeitung. Ebenfalls möchte ich den (anonymen) Gutachtern des Manuskripts für ihre hilfreichen Vorschläge danken.

Schließlich habe ich beim Schreiben dieses Buchs nicht nur von fachlichem Feedback, sondern auch von persönlicher Unterstützung profitiert. Ein herzliches Dankeschön geht daher an Freunde und Familie für ihre Unterstützung, die ganz unterschiedliche Formen angenommen hat, auf die ich mich aber immer verlassen konnte.

Inhaltsverzeichnis

1	**Einleitung**	1
1.1	Motivation	1
1.2	Historie der agilen Entwicklung	1
1.3	Muster	11
1.4	Nutzung des Buchs	13
2	**Einstieg in ein agiles Vorgehen**	**15**
2.1	Orientierung am Leserkreis	16
2.2	Dokumentation langfristig relevanten Wissens	20
2.3	Skalierbare Dokumentation	22
2.4	Erkenntnisgewinn durch Dokumentation	25
3	**Infrastruktur und Werkzeuge**	**29**
3.1	Wenige einfache Tools	30
3.2	Wiki	33
3.3	Bedarfsgerechte Formate	39
3.4	Generierung unterschiedlicher Formate	42
4	**Planung der Dokumentation**	**49**
4.1	Lebendige Anforderungsdokumentation	50
4.2	Einbindung der Kunden	55
4.3	Planungstransparenz	59
4.4	Inkrementelle Dokumentation	64
4.5	Initiative für Fragen der Dokumentation	69
4.6	Dokumentenreviews	73
5	**Auswahl der richtigen Inhalte**	**79**
5.1	Der große Überblick	79
5.2	Motivation, Begründungen und Alternativen	82
5.3	Drehbuch	85
5.4	Realistische Beispiele	88

6	**Gestaltung einzelner Dokumente**	**91**
6.1	Klare Struktur	92
6.2	Richtlinien für die Leser	95
6.3	Maßvoller Einsatz von Diagrammen	97
6.4	Verbreiteter Einsatz von Tabellen	100
6.5	Reichhaltige Verknüpfungen	103
6.6	Leserfreundliches Layout	105
7	**Umgang mit der Dokumentation**	**113**
7.1	Aktive Verteilung	114
7.2	Dokumentationslandschaft	118
7.3	Anleitung zur Erstellung der Dokumentation	121
7.4	Wissensmanagement	125
8	**Zusammenfassung**	**131**
8.1	Stellenwert bedarfsgerechter Dokumentation	131
8.2	Bedarfsgerechte Dokumentation in der täglichen Praxis	133
A.1	**Kurzfassungen der einzelnen Muster**	**137**
A.2	**Portfolio möglicher Dokumente**	**143**
A.3	**Glossar**	**151**
Literatur		**159**
Index		**163**

1 Einleitung

1.1 Motivation

Agile Methoden legen in Softwareentwicklungsprojekten großen Wert auf direkte Kommunikation von Angesicht zu Angesicht und nehmen gegenüber umfangreicher schriftlicher Dokumentation eine eher kritische Haltung ein. Sie erkennen aber an, dass Dokumentation sinnvoll sein kann und manchmal auch benötigt wird.

Daraus resultiert die Frage, wie die Dokumentation in einem agilen Kontext sinnvoll gestaltet werden kann. Die Möglichkeiten dafür auszuloten ist Gegenstand dieses Buchs. Das Ziel dabei ist, bei der Planung, der Erstellung und der Nutzung von Dokumentation Strategien zu entwickeln, die sich am besten mit dem Wort *bedarfsgerecht* beschreiben lassen – die sich also an den tatsächlichen Bedürfnissen eines Projekts orientieren [Rüping 2011].

Ein bedarfsgerechtes Vorgehen bezieht sich zum einen darauf, *was* in einem Projekt schriftlich dokumentiert werden sollte (und was nicht). Es betrifft zum anderen die Frage, *wie* eine angemessene Dokumentation gestaltet werden kann. Beiden Fragen werden wir in diesem Buch nachgehen.

1.2 Historie der agilen Entwicklung

Um die Sichtweise der agilen Methoden verstehen zu können und speziell auch, was zu der betont kritischen Sicht auf umfangreiche Dokumentation geführt hat, lohnt sich ein Rückblick auf die 1990er-Jahre. In dieser Zeit haben die ersten agilen Verfahren ihren Ursprung. Blicken wir also einmal auf die damals gängigen oder zumindest doch empfohlenen Methoden in der Softwareentwicklung.

Die 1990er-Jahre waren geprägt von einer Reihe von Methoden, die großen Wert auf definierte Prozesse und umfangreiche Dokumentation legten. Diese Methoden waren durch das Ziel gekennzeichnet,

Prozesslastige Methoden in den 1990er-Jahren

den Ablauf eines Projekts im vorhinein detailliert zu planen und sich bei der anschließenden Umsetzung streng am Plan zu orientieren.

Fast alle diese Methoden basieren auf dem klassischen Wasserfallmodell, das den Prozess der Softwareentwicklung in verschiedene Phasen unterteilt (Grobspezifikation, Feinspezifikation, Entwurf, Realisierung, Test, Auslieferung), die typischerweise streng sequenziell durchlaufen werden. Dokumentation spielt beim Wasserfallmodell insofern eine große Rolle, als die Ergebnisse einer Phase in der Regel gründlich dokumentiert werden und die Dokumentation als Input für die nächste Phase bereitgestellt wird.

Typische Vertreter dieser Methoden sind die folgenden:

- Das V-Modell ist ein Vorgehensmodell zur Planung und Durchführung von Softwareentwicklungsprojekten, dessen Ursprünge ins Jahr 1979 zurückgehen. Es erweitert das traditionelle Wasserfallmodell, indem es jeder der ursprünglichen Phasen eine Test- oder Abnahmephase gegenüberstellt. Während das originale V-Modell durch relativ starre Prozesse gekennzeichnet war, lässt die 2005 in Deutschland eingeführte Variante XT bereits eine gewisse Anpassung der Prozesse an spezifische Gegebenheiten zu.
- Das 1986 erstmals vorgestellte Spiralmodell ist ein Vorgehensmodell, das ebenfalls auf dem Wasserfallmodell beruht, es aber bereits um die Idee der iterativen Entwicklung erweitert. Es sieht vor, typische Phasen wie Analyse, Entwurf, Realisierung und Test immer wieder zu durchlaufen und sich so schrittweise dem Projektziel zu nähern.
- Der 1998 erstmals veröffentlichte Rational Unified Process (RUP) [Kruchten 1998] umfasst ein Vorgehensmodell zur Softwareentwicklung, das zur Modellierung die bekannte Unified Modeling Language (UML) [Rumbaugh/Jacobsen/Booch 1998] einsetzt. Auch der Rational Unified Process weicht bereits deutlich vom klassischen Wasserfallmodell ab und empfiehlt stattdessen ein iteratives Vorgehen.

Ebenso prägend für die 1990er-Jahre waren Bemühungen, durch die Verbesserung der zugrunde liegenden Prozesse die Qualität von Software zu erhöhen. Resultat dieser Bemühungen waren verschiedene Prozessframeworks, die zwar kein spezielles Verfahren vorschreiben, aber doch dazu auffordern, innerhalb eines bestimmten Rahmens Prozesse und Vorgehen zu definieren. Zu den oben genannten Softwareentwicklungsmethoden sind diese Prozessframeworks in dem Sinne orthogonal, dass sie unterschiedliche Schwerpunkte setzen und sich mit diesen kombinieren lassen. Bekannte Prozessframeworks sind die folgenden:

- Das Capability Maturity Model Integration (CMMI) ist ein Modell zur Beurteilung des Reifegrads sämtlicher Prozesse eines Unternehmens im Zusammenhang mit der Entwicklung und dem Betrieb von Software. Ziel ist die Definition, Planung, Implementierung und Qualitätssicherung dieser Prozesse. Das relativ starre ursprüngliche Modell (CMM) wurde 2003 durch den flexibleren Nachfolger (CMMI) abgelöst.
- Die Normenreihe ISO 9000 ff. legt Mindestanforderungen für die Qualitätssicherung fest. Die Normen beziehen sich auf Produktherstellung und Dienstleistungen generell und werden gelegentlich auch auf die Softwareentwicklung angewendet. Seit Mitte der 1990er-Jahre sind manche Softwareunternehmen bestrebt, sich in Bezug auf ihre Qualitätsstandards nach ISO 9000 zertifizieren zu lassen.

Sowohl die genannten Softwareentwicklungsmethoden als auch die Prozessframeworks zur Qualitätssicherung sind im Laufe der Zeit weiterentwickelt worden. In einigen Fällen drückt sich dies in der Namensgebung aus. So trat zum Beispiel an die Stelle des ursprünglichen V-Modells die Variante XT, und CMM wurde durch CMMI abgelöst.

Die traditionellen Entwicklungsmethoden, die ursprünglich auf dem Wasserfallmodell basierten, haben sich dabei tendenziell auf ein stärker iteratives Vorgehen hin bewegt. Die Prozessframeworks haben im Laufe der Zeit an Flexibilität gewonnen und tragen mittlerweile der Tatsache Rechnung, dass Projekte individuell geprägt sind und dass Prozesse an die individuellen Gegebenheiten angepasst werden müssen. Dementsprechend befinden sich Prozessframeworks wie beispielsweise CMMI heutzutage nicht mehr unbedingt im Widerspruch zu agilen Methoden [Glazer/Dalton/Anderson/Konrad/Shrum 2008].

Ende der 1990er-Jahre stellte sich die Situation allerdings noch anders dar. Die genannten Entwicklungsmethoden waren damals noch bestrebt, allgemeingültige Modelle für die Softwareentwicklung aufzustellen, und begannen sich nur langsam vom Wasserfallmodell zu lösen. Sie wurden zunehmend als starr, schwergewichtig und wenig flexibel wahrgenommen. Mit dem Aufkommen der Prozessframeworks rückten Prozessdefinitionen noch mehr in den Mittelpunkt der Softwareentwicklung, was den Eindruck von Schwergewichtigkeit und mangelnder Flexibilität weiter verstärkte.

Die Kombination aus wasserfallbasierten Entwicklungsmethoden und vergleichsweise starren Prozessdefinitionen hat in der Praxis immer wieder zu massiven Problemen geführt, die in manchen Fällen auch für das Scheitern großer Projekte ursächlich waren:

- Der Overhead, der durch die Prozesslastigkeit und die häufig damit verbundene Bürokratie dieser Methoden entsteht, kann immens sein und kann die Kreativität und Produktivität des Entwicklungsteams regelrecht ersticken. In manchen, nach schwergewichtigen Verfahren durchgeführten Projekten wurde mehr Aufwand darin investiert, den formalen Kriterien des Softwareentwicklungsprozesses zu genügen als tatsächlich Software zu entwickeln.
- Der Wunsch, jede noch so kleine Anforderung, aber auch jeden Entwicklungsschritt im Projekt zu dokumentieren, hat häufig zu Bergen von Dokumentation geführt, die niemand mehr hat lesen können.
- Die exakte Planung eines Projekts für mehrere Monate oder gar Jahre in die Zukunft ist schwierig bis unmöglich. Das Geschehen im Projekt ist schlecht vorhersehbar. Anforderungen ändern sich im Laufe der Zeit, und auch eine gutgemeinte Planung hat sich oft als unzuverlässig herausgestellt.
- Die häufig mit prozesslastigen Verfahren einhergehende sequenzielle Abfolge der einzelnen Projektphasen führt dazu, dass der Kunde die entstandene Software erst gegen Ende des Projekts zu sehen bekommt. Zu einem so späten Zeitpunkt ist es sehr schwer, das Feedback des Kunden auf die entwickelten Systeme noch zu berücksichtigen und möglicherweise noch eine Kurskorrektur vorzunehmen.

Als Konsequenz aus diesen Problemen kam gegen Ende der 1990er-Jahre immer häufiger die Forderung auf, sich von starren, schwergewichtigen Prozessen zu lösen und stattdessen mehr Wert auf Flexibilität zu legen.

Forderung nach mehr Flexibilität

Unter Flexibilität wird dabei die Fähigkeit verstanden, sich an wechselnde Bedingungen und Anforderungen anzupassen. In der Evolutionsbiologie ist diese Fähigkeit eine Grundvoraussetzung für das Überleben von Arten. Analog dazu ist diese Flexibilität auch in Entwicklungsprojekten ein entscheidendes Kriterium, das für den Erfolg oder Misserfolg eines Projekts ausschlaggebend sein kann. Im gleichen Zug wurde gefordert, die eigentliche Erstellung der Software wieder mehr in den Mittelpunkt des Projektgeschehens zu stellen und hingegen Prozesse und Methoden als Mittel zum Zweck zu betrachten und immer wieder auf ihren Sinn und Zweck hin zu überprüfen. Die Idee eines agilen Vorgehens war geboren.

Agiles Manifest

In der Folge haben einige der frühen »Agilisten« begonnen, Praktiken agilen Vorgehens zu entwickeln und in ihrer alltäglichen Projektpraxis anzuwenden. Im Februar 2001 trafen sich 17 dieser Experten zu einem Workshop mit dem Ziel, ihre Erfahrungen mit dem neuen Vorgehen auszutauschen. Bei den Diskussionen im Rahmen dieses Workshops hat sich dann das herauskristallisiert, was heute als die Prinzipien agiler Entwicklung verstanden wird. Das Ergebnis des Workshops ist später als das Agile Manifest bekannt geworden [Agile Alliance 2001]. Abbildung 1–1 zeigt die Kernaussage des Agilen Manifests in der deutschen Übersetzung.

Manifest für Agile Softwareentwicklung

Wir erschließen bessere Wege, Software zu entwickeln, indem wir es selbst tun und anderen dabei helfen. Durch diese Tätigkeit haben wir diese Werte zu schätzen gelernt:

Individuen und Interaktionen
    mehr als   Prozesse und Werkzeuge

Funktionierende Software
    mehr als   umfassende Dokumentation

Zusammenarbeit mit dem Kunden
    mehr als   Vertragsverhandlung

Reagieren auf Veränderungen
    mehr als   das Befolgen eines Plans

Das heißt, obwohl wir die Werte auf der rechten Seite wichtig finden, schätzen wir die Werte auf der linken Seite höher ein.

Abb. 1–1
Agiles Manifest

Neben diesen grundlegenden Prinzipien benennt das Agile Manifest auch eine Reihe von Kernpraktiken, die sich für die konkrete Anwendung in der täglichen Projektpraxis eignen. Einige davon sind die folgenden:

- Software wird inkrementell entwickelt. Das Team liefert kontinuierlich die jeweils entwickelten Inkremente an den Kunden aus.
- Die Menge funktionierender Software dient als primäres Fortschrittsmaß.

- Fachexperten und Entwickler kooperieren eng miteinander, idealerweise auf täglicher Basis.
- Die wichtigste Kommunikationsform der Projektbeteiligten ist das Gespräch von Angesicht zu Angesicht.
- Einfachheit ist ein Prinzip. Einfachen Lösungen wird der Vorzug vor komplizierten Lösungen gegeben.
- Das Team reflektiert regelmäßig sein Vorgehen und passt das Vorgehen gegebenenfalls an.

Wenngleich das Agile Manifest diese und eine Reihe weiterer Praktiken empfiehlt, so beschreibt es dennoch keine spezifische Entwicklungsmethode. Durch die Formulierung grundlegender Prinzipien gibt es vielmehr den Rahmen vor, in dem sich die agile Softwareentwicklung bewegt. Für die konkrete Ausgestaltung einzelner Methoden bleibt dabei noch viel Spielraum. Dieser Spielraum ist auch notwendig, weil Projekte sehr unterschiedlich sind, zum Beispiel im Hinblick auf Anzahl der beteiligten Personen, Laufzeit, Umfang der Funktionalität, Komplexität, Technologie und Kritikalität. Nicht alle Projekte können nach derselben Methode durchgeführt werden. Verschiedene agile Methoden interpretieren daher den Rahmen, den das Agile Manifest vorgibt, auf durchaus unterschiedliche Art und Weise. Viele der Methoden weisen durchaus Ähnlichkeiten auf und können auch gut miteinander kombiniert werden, dennoch gibt es auch eine Vielzahl von Unterschieden.

Verschiedene agile Methoden

Im Laufe der Zeit hat sich eine Reihe von agilen Methoden zur Softwareentwicklung etabliert, die in ihrer konkreten Ausgestaltung unterschiedliche Akzente setzen und auch unterschiedliche Verbreitung erfahren haben.

- Eine der frühesten agilen Methoden ist eXtreme Programming, häufig auch einfach als XP bezeichnet [Beck 2000; Wolf/Roock/Lippert 2005]. Seit dem Jahr 2000 hat XP einige Popularität erreicht. XP basiert auf einer Reihe bewährter Praktiken, zu denen beispielsweise inkrementeller Entwurf, testgetriebene Entwicklung sowie kontinuierliche Integration gehören. Bekannt geworden ist XP vor allem für die Einführung von Pair Programming.
- Bei Crystal [Cockburn 2002] handelt es sich um eine Familie von Methoden, die abhängig von der Anzahl der Projektbeteiligten und von der Kritikalität des Projekts verschiedene Strategien zur Kommunikation und zur Qualitätssicherung vorschlagen.
- Scrum ist mittlerweile die bekannteste agile Methode, zumindest im deutschsprachigen Raum [Schwaber/Beedle 2008; Pichler 2007; Cohn 2010; Wolf/van Solingen/Rustenburg 2010; Gloger 2011;

Wirdemann 2011; Röpstorff/Wiechmann 2012]. Kennzeichen von Scrum ist ein iteratives Vorgehen, das sich in regelmäßigen Intervallen, den sogenannten Sprints, ausdrückt. In diesen Sprints werden jeweils Inkremente der Software entwickelt und ausgeliefert. Am Ende jeden Sprints steht unter anderem eine Retrospektive zur Überprüfung des eigenen Vorgehens.
- Feature-Driven Development (FDD) ist ein leichtgewichtiges Verfahren, das ausgehend von einem Gesamtmodell eine Liste einzelner Features entwickelt und die gesamte Entwicklung dann in die Implementierung der einzelnen Features herunterbricht [Palmer/Felsing 2002]. FDD ist vielleicht weniger »revolutionär« als beispielsweise XP oder Scrum, befindet sich aber durchaus im Einklang mit den Prinzipien agiler Entwicklung.
- Eine der neueren agilen Methoden ist Kanban [Anderson 2011], das seinen Ursprung in den Prinzipien des Lean Development hat [Poppendieck/Poppendieck 2003]. Kanban versucht durch die Reduktion paralleler Arbeit den gesamten Fluss aller Projekttätigkeiten zu erhöhen.

Einige dieser Methoden haben mittlerweile einen großen Bekanntheitsgrad erlangt und gehören zum Standardrepertoire heutiger Softwareentwicklung. Insbesondere mit XP, Scrum und Kanban sind bereits viele Projekte erfolgreich durchgeführt worden [Wolf 2011].

Neben diesen Methoden haben noch weitere Techniken aufgrund ihres agilen Charakters eine gewisse Bekanntheit erlangt. Zu nennen sind hier insbesondere die folgenden:

- Bei testgetriebener Entwicklung (Test-Driven Development) handelt es sich um eine Strategie, die das Testen von Software in den Vordergrund stellt (nachdem es über lange Zeit hinweg in vielen Projekten nur ein Schattendasein gefristet hatte). Das Prinzip ist dabei, der Entwicklung bestimmter Funktionen immer die Entwicklung entsprechender Tests vorausgehen zu lassen [Westphal 2005]. Testgetriebene Entwicklung ist als Einzeltechnik Bestandteil vieler agiler Verfahren.
- Agile Modeling ist ein Verfahren, das sich auf die Modellierungsaspekte in Projekten konzentriert und dafür leichtgewichtige und durch starke Interaktion geprägte Prozesse empfiehlt [Ambler 2002].
- DevOps ist ein vergleichsweise neuer Ansatz, der das Ziel verfolgt, ein agiles Vorgehen auf den Betrieb von Software auszudehnen [Peschlow 2011]. Schwerpunkt ist dabei die enge Kooperation zwischen Entwicklern und Betriebsabteilung. Durch die regelmäßige

Auslieferung von Software geht deren Inbetriebnahme in einen einfachen, erprobten und reproduzierbaren Prozess über.

Zum Thema Dokumentation gibt es im Agilen Manifest keine Vorschriften, was das konkrete Vorgehen im Projekt angeht. Hingegen vermittelt das Agile Manifest eine grundsätzliche Haltung, die zwar den Wert von Dokumentation anerkennt, diesen Wert aber auch gegenüber anderen Projektzielen relativiert. Gerade vor dem historischen Hintergrund ist dies nur zu verständlich.

Die schwergewichtigen Methoden der 1990er-Jahre hatten allesamt ein gehöriges Maß an Dokumentation mit sich gebracht. Ziel war damals gewesen, jegliche Information, die in einer bestimmten Projektphase benötigt wird, vorher schriftlich zu fixieren. In manchen Projekten wurden über einen Zeitraum von Jahren nur Spezifikationen und Konzeptpapiere erstellt, bevor überhaupt eine einzige Zeile Code programmiert wurde. Dabei sind in der Regel große Mengen an Dokumentation entstanden, die in ihrer Fülle gar nicht gelesen werden konnten und außerdem schneller veraltet sind, als es jedem Projektbeteiligten recht sein konnte. Insider sprechen in einem solchen Fall von *write-only documentation*.

Dokumentation als Mittel zum Zweck

Ein gemeinsames Merkmal aller agiler Methoden ist, dass sie derartige Szenarien vermeiden wollen. Der Grund hierfür liegt in der Erkenntnis, dass Dokumentation nicht automatisch zum Verständnis der Materie führt, wie auch Abbildung 1–2 andeutet. Beim Schreiben wandert nur ein Teil des in den Köpfen vorhandenen Wissens tatsächlich auch ins Dokument, manches hingegen bleibt unausgesprochen. Gleichermaßen erfassen auch gründliche Leser nicht immer alles, was in einem Dokument beschrieben ist.

Abb. 1–2
Dokumentation vs. Verständnis

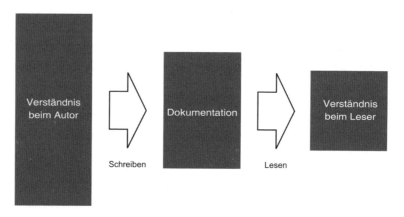

Ein bisschen ähnelt schriftliche Dokumentation damit dem Prinzip der stillen Post, was die Schlussfolgerung zulässt, dass Wissen mithilfe von schriftlicher Dokumentation eben nicht vollständig weitergegeben werden kann und sich beim Leser nicht automatisch ein Verständnis der Materie einstellt. Weil Verständnis der Materie aber das ist, worauf es im Projekt letztlich ankommt, ist eine kritische Haltung gegenüber der Dokumentation nur folgerichtig. In manchen Fällen ist Dokumentation zweifellos sinnvoll, in anderen Fällen gibt es andere Kommunikationskanäle, die für den Transfer von Wissen eben besser geeignet sind.

Diese Erkenntnis hat die 17 Teilnehmer des Workshops, auf dem das Agile Manifest entstanden ist, dazu gebracht, umfassende Dokumentation auf der rechten Seite anzusiedeln (vgl. Abb. 1–3), also dort, wo diejenigen Dinge beschrieben sind, die zwar einen Nutzen für ein Projekt haben, die aber als ein Mittel zum Zweck (und eben nicht als Selbstzweck) betrachtet werden müssen.

Manifest für Agile Softwareentwicklung

Wir erschließen bessere Wege, Software zu entwickeln,
indem wir es selbst tun und anderen dabei helfen.
Durch diese Tätigkeit haben wir diese Werte zu schätzen gelernt:

Individuen und Interaktionen
    mehr als   Prozesse und Werkzeuge

Funktionierende Software
    mehr als   umfassende Dokumentation

Zusammenarbeit mit dem Kunden
    mehr als   Vertragsverhandlung

Reagieren auf Veränderungen
    mehr als   das Befolgen eines Plans

Das heißt, obwohl wir die Werte auf der rechten Seite wichtig finden, schätzen wir die Werte auf der linken Seite höher ein.

Abb. 1–3
Agiles Manifest mit Hervorhebung der Dokumentation

Leider gibt es auch immer wieder Projekte (manchmal auch solche, die sich agil nennen), die die Frage nach der Notwendigkeit möglicher Dokumentation erst gar nicht stellen. In diesen Projekten wird nur rudimentär dokumentiert oder auf die Erstellung von Dokumentation fast vollständig verzichtet – aber eben nicht, weil gute Gründe dafür sprechen, auf bestimmte Dokumente zu verzichten, sondern weil das Thema Dokumentation einfach ignoriert wird. Die Problematik dieses Ansatzes wird spätestens dann deutlich, wenn Wissensträger das Projekt verlassen haben, die Funktionsweise der Software nicht mehr nachvollziehbar ist und ihre Wartung oder Weiterentwicklung nahezu unmöglich wird, ohne ein umfangreiches Reverse-Engineering zu betreiben, was letztlich eine aufwendige und wenig dankbare Angelegenheit ist. Das ist natürlich kein kluges Vorgehen, und tatsächlich hat das mit Agilität auch nichts mehr zu tun.

Bedarfsgerechte Dokumentation

Beide Extrempositionen helfen uns also nicht weiter: Gar nichts zu dokumentieren ist ebenso unsinnig wie der Versuch, alles dokumentieren zu wollen. Ein vernünftiger Ansatz besteht darin, die Dokumentation auf ihren Nutzen hin kritisch zu prüfen und den Aufwand für die Erstellung transparent zu machen, um letztlich das richtige Maß zu finden.

Hierfür müssen wir die Dokumentation immer auch anderen Formen der Kommunikation gegenüberstellen, insbesondere der direkten Kommunikation von Angesicht zu Angesicht, die aufgrund ihres hohen Interaktionsgrads bei agilen Methoden einen hohen Stellenwert genießt. Allerdings gibt es keine generell *beste* Kommunikationsform – in unterschiedlichen Situationen können verschiedene Kommunikationsformen jeweils ihre unterschiedlichen Vorzüge ausspielen, wie Tabelle 1–1 verdeutlicht.

*Tab. 1–1
Vergleich von direkter Kommunikation und Dokumentation*

Direkte Kommunikation	Dokumentation
Interaktion ▪ kurze Frage-Antwort-Zyklen ▪ informeller Informationsfluss	Individuelle Geschwindigkeit ▪ Wissensaufnahme im persönlichen Tempo
Einschluss nonverbaler Kommunikation ▪ Körpersprache ▪ Gestik	Schriftliche Ausdrucksmöglichkeit ▪ Vorteil für introvertierte Personen ▪ möglicher Erkenntnisgewinn beim Schreiben
Unterstützung für Prozesse im Team ▪ persönlicher Umgang der beteiligten Personen	Skalierbarkeit ▪ Nutzung durch viele Personen ▪ Nutzung durch räumlich verteilte Teams
Schnelle Verfügbarkeit ▪ Ansprechpartner im Team	Langfristige Verfügbarkeit ▪ Verfügbarkeit nach Abschluss eines Projekts

Die Punkte auf der rechten Seite dieser Tabelle beschreiben sehr gut die Motivation dafür, warum und in welchen Situationen wir im Projekt Dinge schriftlich dokumentieren sollten. Wir werden viele dieser

Punkte später im Detail aufgreifen, insbesondere in Kapitel 2, in dem es um die Grundlagen agiler Dokumentation geht.

1.3 Muster

Projekte sind individuell geprägt. Was in einem Projekt gut funktioniert, ist in einem anderen Projekt weniger angebracht. Es ist illusorisch zu glauben, man könne konkrete Prozesse definieren, die sich organisations- und projektübergreifend immer wieder erfolgreich einsetzen lassen. Die Rahmenbedingungen sind einfach zu unterschiedlich. Dies gilt insbesondere auch für Dokumentation, weshalb dieses Buch auch gar nicht den Versuch macht, eine einheitliche und allgemeingültige Dokumentationsstrategie zu entwickeln.

Stattdessen möchte ich in diesem Buch eine Reihe einzelner Techniken und Strategien vorstellen, die sich in der Praxis immer wieder bewährt haben. Ich habe diese Techniken und Strategien als Muster (englisch *Patterns*) formuliert, ganz im Sinne der Entwurfsmuster (englisch *Design Patterns*), die in den letzten Jahren eine weite Verbreitung in der praxisorientierten Literatur zur Softwareentwicklung erfahren haben. Entwurfsmuster beschreiben bewährte Lösungen für immer wiederkehrende Probleme, und genau das tun die Muster in diesem Buch auch, nur mit dem Unterschied, dass sie sich nicht auf Programmierpraktiken, sondern auf Dokumentationspraktiken beziehen.

Praxiserprobte Muster

Die Formulierung von Mustern bietet eine Reihe von Vorteilen:
- Muster sind praxiserprobt und geeignet, tatsächliche Erfahrungen zu transportieren.
- Die Struktur als Problem-Lösungs-Paar ist für einen praktischen Einsatz geeignet.
- Muster analysieren die verschiedenen Faktoren, die Einfluss auf mögliche Lösungsszenarien haben, und tragen so zu ausbalancierten Lösungen bei.
- Muster referenzieren sich gegenseitig, was in diesem Buch typografisch durch die Verwendung von Kapitälchen ausgedrückt ist. Muster können so leicht miteinander kombiniert werden.

Sämtliche Muster in diesem Buch (in den Kapiteln 2 bis 7) folgen einem einheitlichen Aufbau:
- Der *Kontext* beschreibt, in welcher Situation ein Muster angewendet werden kann.
- Das *Problem* wirft eine Frage (im Zusammenhang mit Dokumentation) auf, die sich im beschriebenen Kontext immer wieder stellt

und deren Nichtbeantwortung spürbare Nachteile mit sich bringen würde.
- Die *Analyse* beleuchtet mögliche Lösungsansätze, vergleicht sie miteinander und nennt ihre Vor- und Nachteile.
- Die *Lösung* beschreibt eine prinzipielle Strategie oder Technik, mit der sich das Problem vermeiden oder zumindest abmildern lässt.
- Die *Details* beschreiben, wie die Lösung umgesetzt werden kann, und schlagen dafür konkrete Schritte vor.
- Die *Diskussion* nennt weiter gehende Aspekte im Zusammenhang mit der beschriebenen Lösung, insbesondere auch den Zusammenhang zu anderen Mustern.

Zum besseren Verständnis werden die Muster in diesem Buch noch um weiteres Material ergänzt. Da dieses Material über die eigentlichen Muster hinausgeht, ist es in grauen Kästen dargestellt.

- Zunächst stelle ich gelegentlich Beispiele vor, die jeweils ein bestimmtes Muster verdeutlichen. Diese Beispiele stammen aus »echten« Projekten, haben sich also in der Realität so abgespielt (wenngleich ich aus Gründen des Kundenschutzes die Beispiele anonymisiert habe).
- Außerdem ergänze ich die Muster gelegentlich um Hintergrundinformationen, die tiefer gehende oder auch kontroverse Aspekte zu einem bestimmten Thema beleuchten.

Wie bereits angedeutet, beziehen sich die Muster in diesem Buch auf ein agiles Vorgehen im Allgemeinen und sind nicht spezifisch für irgendeine agile Methode. Zur Erläuterung verweise ich allerdings gelegentlich auf Scrum, weil Scrum aktuell das am weitesten verbreitete agile Verfahren ist. Trotzdem sind die in diesem Buch beschriebenen Muster problemlos auch im Kontext anderer Methoden anwendbar. Tatsächlich sind sie auch dann anwendbar, wenn überhaupt keine agile Methode im Einsatz ist, aber das Projektteam den Wunsch hat, agiler zu werden, und diesen Wunsch am Beispiel der Dokumentation in die Tat umsetzen möchte.

Dabei ist es wichtig zu verstehen, dass das Wort »agil« primär eine Haltung, nicht aber eine Technik oder einen Prozess beschreibt. Nicht ohne Grund stehen im Agilen Manifest Prozesse (genau wie die Dokumentation) auf der Seite der Dinge, die eher ein Mittel zum Zweck als ein eigenständiges Ziel darstellen. Die Muster in diesem Buch verfolgen daher nicht den Zweck, einen bestimmten Dokumentationsprozess zu formulieren. Stattdessen können Sie diese Muster als Bausteine nutzen, wenn Sie für Ihre Projekte und die dort bestehenden Rahmenbedingungen ein bedarfsgerechtes Vorgehen in puncto Dokumentation entwickeln.

1.4 Nutzung des Buchs

Der Aufbau des Buchs orientiert sich weitgehend am iterativen Vorgehen in agilen Projekten. Die Kapitelstruktur spiegelt daher in etwa den Lebenszyklus von Dokumenten in einem agilen Kontext wider.

- *Einstieg in ein agiles Vorgehen* — Kapitel 2
  Bei agilen Verfahren ist die prinzipielle Haltung zur Dokumentation schon ein Stück weit anders als bei traditionellen Methoden der Softwareentwicklung. Das erste Kapitel stellt daher ein paar grundlegende Prinzipien vor, die essenzieller Bestandteil eines agilen Vorgehens sind.

- *Infrastruktur und Werkzeuge* — Kapitel 3
  Die Erstellung von Dokumenten erfordert eine geeignete Infrastruktur. Dieses Kapitel beschreibt, wie eine solche Infrastruktur aussehen kann und welche Werkzeuge sich als nützlich herausgestellt haben.

- *Planung der Dokumentation* — Kapitel 4
  In diesem Kapitel steigen wir in die konkrete Planung der Dokumentation ein. Das Kapitel gibt konkrete Tipps, wie diese Planung gestaltet werden kann, und beschreibt, welche Art von Dokumentation in einem agilen Kontext typischerweise benötigt wird.

- *Auswahl der richtigen Inhalte* — Kapitel 5
  Nachdem wir geplant haben, welche Dokumente wir benötigen, handelt dieses Kapitel davon, welche Inhalte für diese Dokumente sinnvoll sind. Der Schwerpunkt liegt darauf, Inhalte zu identifizieren, die es Wert sind, schriftlich festgehalten zu werden.

- *Gestaltung einzelner Dokumente* — Kapitel 6
  Gute Dokumentation ist logisch aufgebaut und vernünftig strukturiert. Die Muster in diesem Kapitel adressieren dieses Thema und gehen auch kurz auf Aspekte des Layouts ein. Tatsächlich sind diese Muster auch außerhalb eines agilen Kontexts sinnvoll, aber sie gelten natürlich auch hier.

- *Umgang mit der Dokumentation* — Kapitel 7
  Dieses Kapitel ist der Frage gewidmet, was mit der Dokumentation geschehen soll, wenn sie denn geschrieben ist. Ziel ist es sicherzustellen, dass die Dokumentation nicht »verstaubt«, sondern sinnvoll genutzt werden kann.

Leitfaden zum Lesen des Buchs

Generell gibt es zwei verschiedene Möglichkeiten, dieses Buch zu lesen. Die erste ist die übliche Methode: Sie können das Buch ganz traditionell von vorn bis hinten durchlesen und dabei den Lebenszyklus von Dokumenten im Projekt nachempfinden.

Alternativ können Sie das Buch aber auch einfach durchblättern, sich dabei auf die (kursiv gesetzten) Kernaussagen der einzelnen Muster konzentrieren, und dort tiefer einsteigen, wo Sie ein Thema besonders interessiert. Dadurch, dass die Muster jeweils Verweise auf andere Muster enthalten (in Kapitälchen gesetzt), können Sie auf diese Art und Weise durch das Buch »navigieren«.

2 Einstieg in ein agiles Vorgehen

Angenommen, Sie überlegen, in Ihrem aktuellen Projekt die Dokumentation nach agilen Grundsätzen zu gestalten. Die möglichen Gründe dafür sind vielfältig. Vielleicht haben Sie in früheren Projekten die Erfahrung gemacht, dass umfangreiche Dokumentation in der Herstellung teuer ist und dann oft doch nicht gelesen wird. Vielleicht haben Sie generell Interesse an einer schlanken und prägnanten Dokumentation. Vielleicht wird das ganze Projekt nach einer agilen Methode durchgeführt, was sich natürlich auch auf die Dokumentation auswirkt.

Unabhängig davon, was Ihre konkrete Veranlassung ist, über agile Dokumentation nachzudenken, stellt sich natürlich die Frage, was unter »agiler Dokumentation« denn überhaupt zu verstehen ist. Dieser Frage gehen wir in diesem Kapitel nach. Dabei geht es noch nicht um konkrete Planungsschritte oder Dokumentationstechniken, sondern zunächst mal um die Prinzipien, die Anwendung finden, wenn wir Dokumentation agil gestalten wollen.

An dieser Stelle müssen wir zwischen verschiedenen Arten der Dokumentation unterscheiden.

Verschiedene Arten der Dokumentation

- Die Produktdokumentation betrachtet das Softwareprodukt, das es im Projekt zu erstellen gilt. Sie umfasst all die Dokumente, die den Betrieb und die Nutzung der Software beschreiben. Die Anforderungen an die Produktdokumentation werden in der Regel vom Kunden formuliert.
- Die Systemdokumentation bezieht sich ebenfalls auf das Softwareprodukt, sie nimmt aber eher eine Innensicht darauf ein und beschreibt, wie die Software funktioniert. Die Systemdokumentation hilft bei der Entwicklung und der Weiterentwicklung der Software.
- Die Projektdokumentation hat den Zweck, den Projektfortschritt zu dokumentieren und zu unterstützen. Sie liegt üblicherweise in unserer eigenen Verantwortung.

- Die Prozessdokumentation beschreibt, wie wir im Projekt vorgehen und welche Prozesse wir dabei zugrunde legen. Sie ist damit auf einer Metaebene gegenüber den anderen Dokumentationsformen angesiedelt.

Im Prinzip können wir eine agile Haltung einnehmen, unabhängig davon, mit welcher Art von Dokumentation wir gerade zu tun haben. Allerdings wird sich unsere agile Haltung bei den unterschiedlichen Dokumentationsarten auch unterschiedlich auswirken.

Wenn das Agile Manifest eine kritische Haltung gegenüber der Dokumentation einnimmt sind damit primär die Projekt- und die Prozessdokumentation gemeint und ein Stück weit auch die Systemdokumentation. Der Grund dafür ist, dass wir bei diesen Dokumentationsformen es selbst in der Hand haben, welche Dokumente wir erstellen und welche nicht. Die Produktdokumentation wird hingegen in der Regel vom Kunden angefordert, sodass wir hier nicht allein über den Umfang entscheiden können. Der Fokus auf eine bedarfsgerechte Dokumentation ist aber in jedem Fall sinnvoll.

Tauchen wir also ein in die agile Denkwelt und schauen wir, welche Prinzipien wir für die Erstellung bedarfsgerechter Dokumentation formulieren können.

2.1 Orientierung am Leserkreis

Kontext Wir möchten ein Softwareentwicklungsprojekt durchführen und insbesondere im Hinblick auf die Dokumentation agil vorgehen.

Problem **Wie können wir vermeiden, dass Aufwand in die Erstellung von Dokumenten fließt, die dann doch nicht gelesen werden?**

Analyse Traditionelle Entwicklungsmethoden sehen eine ganze Reihe von Dokumenten vor, deren Erstellung in einem Projekt vorgeschrieben oder zumindest empfohlen ist. Dies beginnt häufig mit einer detaillierten Spezifikation, setzt sich mit Architektur-, Entwurfs- und Implementierungsbeschreibungen fort und umfasst häufig auch die Dokumentation des Projektmanagements.

Natürlich können sich solche Dokumente lohnen – jeder kennt vermutlich Beispiele dafür, dass sich die Erstellung eines solchen Dokuments als sinnvoll erwiesen hat. Leider fragen viele traditionelle Methoden aber nicht in jedem Einzelfall nach dem Sinn und Zweck eines Dokuments. Stattdessen fordern sie die Erstellung der entsprechenden Dokumentation aus Prinzip, oder zumindest werden traditionelle Methoden oft dahingehend interpretiert. Auf diese Weise entsteht in traditionellen Projekten oft eine sehr umfangreiche Dokumentation, deren Nutzen eher begrenzt ist, weil zum einen ungebührlich viel Zeit in die Erstellung all dieser Dokumente fließt und weil es zum anderen schwierig ist, sich in dem Berg von Dokumentation zurechtzufinden. Abbildung 2–1 gibt diese Erfahrung wieder und verdeutlicht, dass Umfang und Nutzen von Dokumentation eben nicht miteinander korrelieren. Natürlich kann Dokumentation einen Nutzen bieten, aber mehr Dokumentation ist nicht automatisch auch besser.

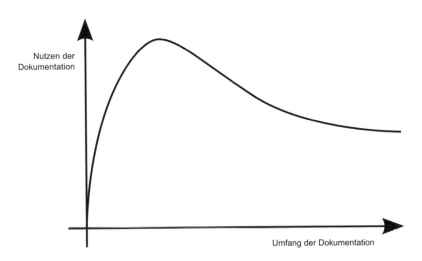

Abb. 2–1
Begrenzter Nutzen von Dokumentation

Agile Methoden fordern niemals die Erstellung von Dokumentation aus Prinzip, sondern betrachten Dokumentation eher von einem pragmatischen Blickwinkel aus. Hingegen stellen agile Verfahren die am Projekt beteiligten Personen in den Vordergrund. In einem agilen Kontext legen wir Wert darauf, dass die Projektbeteiligten die Rahmenbedingungen vorfinden, die sie benötigen, um erfolgreich arbeiten zu können. Es liegt daher nahe, nach dem Nutzen zu fragen, den mögliche Dokumente für diese Personen haben.

Die Erstellung von Dokumentation kann nur dann sinnvoll sein, wenn der Leserkreis konkret benannt werden kann.

Lösung

An dieser Stelle lohnt es sich, die folgenden Fragen zu stellen:

Details

- Wer wird das Dokument lesen?
- Ist das Dokument für den beabsichtigten Leserkreis geeignet?
- Ist das Dokument in seiner beabsichtigten Detailtiefe für diesen Leserkreis angemessen?
- Bietet das Dokument dem Leserkreis auch den gewünschten Nutzen?
- Wer hätte einen tatsächlichen und konkreten Nachteil davon, wenn das Dokument nicht geschrieben wird?

Lassen sich auf diese Fragen keine befriedigenden Antworten finden, spricht vieles dafür, dass das betreffende Dokument, zumindest in der geplanten Form, nicht benötigt wird:

- Dokumente, die keine Leser haben werden, sind verzichtbar.
- Dokumente, die vermutlich niemand vollständig lesen wird, sollten zumindest noch einmal kritisch geprüft werden: Höchstwahrscheinlich ist es sinnvoll, die Inhalte zu reduzieren und ein weniger umfangreiches Dokument anzuvisieren.

Natürlich besteht hier eine gewisse Unschärfe, weil sich nicht immer vorhersagen lässt, ob ein potenzieller Leser in der Zukunft tatsächlich Interesse an einem Dokument haben wird. Die oben genannten Fragen helfen aber dabei herauszufinden, ob wenigstens *potenzielle* Leser existieren. Wenn wir auf Dokumente verzichten, bei denen das erkennbar nicht der Fall sein wird, ist schon eine Menge gewonnen.

Mit dieser Haltung haben wir im Prinzip einen Paradigmenwechsel vollzogen. Dadurch, dass wir den Leserkreis in die Mitte unserer Überlegung stellen, welche Dokumentation wir benötigen, gelingt es uns, den Umfang der Dokumentation sinnvoll zu reduzieren, ohne dass wir Gefahr laufen, Dokumentation voreilig als überflüssig abzutun. Abbildung 2–2 verdeutlicht das balancierte und bedarfsgerechtes Vorgehen bei der agilen Entwicklung.

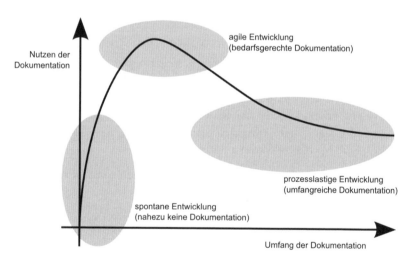

Abb. 2–2
Bedarfsgerechte Dokumentation bei agiler Entwicklung

> **Schlechte Argumente in dokumentationslastigen Projekten**
>
> Im Grunde genommen erscheint die Forderung, sich bei der Erstellung von Dokumenten am Leserkreis zu orientieren, nicht besonders originell. Woran sonst soll man sich orientieren, wenn nicht an den möglichen Lesern? Tatsächlich zeigt aber ein Blick in die Praxis, welche Pseudoargumente in manchen Projekten (und generell in manchen Organisationen) herangezogen werden, um zu begründen, warum bestimmte Dokumente um jeden Preis geschrieben werden müssen.
>
> Am häufigsten hört man den Klassiker: »Das haben wir immer schon so gemacht!« Natürlich liegt es in der menschlichen Natur, dass sich eine gewisse Routine einspielt. Trotzdem ist das natürlich kein zulässiges Argument.
>
> Schlimmer noch sind die Pseudoargumente, die gelegentlich vorgebracht werden, um sich einer eigentlich notwendigen Diskussion zu entziehen: »Wenn ich es einfach aufschreibe, können wir auf die lästige Diskussion im Team verzichten!« oder auch: »Hauptsache, ich halte meine Bedenken jetzt schriftlich fest, dann bin ich wenigstens nicht schuld, wenn es später schiefgeht!« Ein Projekt, in dem Dokumentation als Vorwand dafür dient, kritische, aber wichtige Fragen im Team nicht anzusprechen, hat ein sehr ernsthaftes Problem.
>
> Agil ist eine solche Haltung in keinem Fall.

Diskussion

Im Prinzip lassen sich die genannten Fragen nach dem Leserkreis auf jede Form der Dokumentation anwenden, und es ist auch generell sinnvoll, genau das zu tun. Allerdings sind wir im Hinblick auf die Produktdokumentation an die Wünsche des Kunden gebunden. Letztlich kann nur der Kunde selbst entscheiden, welche Dokumentation er benötigt. Es spricht aber natürlich nichts dagegen, auch dem Kunden gegenüber die Frage nach dem Leserkreis der Dokumentation zu stellen und so zu versuchen, Verständnis für eine bedarfsgerechte Dokumentation zu wecken.

Die Frage nach dem Leserkreis ist aber besonders brisant bei Dokumenten, über deren Erstellung wir selbst entscheiden. Hier liegt es in unserer Verantwortung, Dokumente, die niemand lesen wird, von der Agenda zu streichen und bei Dokumenten, die prinzipiell sinnvoll sind, den Inhalt auf das zu reduzieren, was auch eine Chance hat, gelesen zu werden. Wie das konkret aussehen kann, ist von Fall zu Fall verschieden. Diesem Prinzip werden wir im Rahmen der Dokumentation in agilen Projekten aber immer wieder begegnen.

2.2 Dokumentation langfristig relevanten Wissens

Kontext   Wir haben die Absicht, bei der Planung der Dokumentation in unserem Projekt nach agilen Prinzipien vorzugehen und begreifen die ORIENTIERUNG AM LESERKREIS (2.1) als ein Kernprinzip bei der Festlegung des Umfangs der Dokumentation. Als Nächstes müssen wir überlegen, in welchen konkreten Fällen Personen tatsächlich von der Dokumentation profitieren werden.

Problem   **Wie können wir den Aufwand für die Erstellung der Dokumentation reduzieren, ohne dabei zu riskieren, dass wichtiges Wissen für spätere Projektphasen verloren geht?**

Analyse   Kommunikation im Team ist ein elementarer Bestandteil agiler Projekte. Dies schließt nicht nur die Entwickler ein, sondern auch Projektbeteiligte in anderen Rollen, wie zum Beispiel die Tester oder die Repräsentanten des Kunden, die die Anforderungen formulieren.

Agile Projekte sind daher bestrebt, die Voraussetzungen dafür zu schaffen, dass alle Projektbeteiligte miteinander diskutieren können, wann immer der Bedarf besteht. Typischerweise sitzen alle Projektbeteiligten in nahe beieinander liegenden Räumen. Und idealerweise befinden sich in diesen Räumen viele Whiteboards, Flipcharts oder ähnliche Hilfsmittel, um geplante wie auch spontane Diskussionen so einfach wie möglich zu machen. Eine derart kommunikationsfreundliche Infrastruktur hat sich in Hunderten von Projekten immer wieder als vorteilhaft herausgestellt.

Natürlich müssen wir aber auch spätere Projektphasen und die Zeit nach dem Abschluss des aktuellen Projekts im Blick haben. Schließlich müssen wir handlungsfähig bleiben, was die Weiterentwicklung der Software sowie deren zukünftige Wartung angeht. Und es sollte niemanden überraschen, dass es gelegentlich nötig ist, gewisse Dinge aufzuschreiben.

Der nächstliegende Grund hierfür ist, dass Menschen Dinge vergessen. Es mag uns nicht immer gefallen, aber auch das agilste Team kann vor dem Problem stehen, dass sich leider niemand mehr an einige wichtige Details beispielsweise zu einer Designentscheidung erinnern kann, die einige Wochen vorher im Zuge einer Diskussion am Whiteboard getroffen wurde. Aufschreiben hilft, solchen Situationen vorzubeugen.

Verschärfend kommt hinzu, dass sich das Team nach Ende eines Projekts oft auflöst und entweder andere Aufgaben übernimmt oder sich sogar in alle Himmelsrichtungen zerstreut. Speziell Teams mit externer Unterstützung werden üblicherweise nur für die Laufzeit eines Projekts zusammengestellt. In der Wartungsphase oder in Folgeprojekten sind viele Experten dann nicht mehr verfügbar.

> **Arbeiten im Jetzt vs. Planung der Zukunft**
>
> Agile Projekte legen den Schwerpunkt auf aktuelle und tatsächliche Anforderungen, nicht auf eventuelle zukünftige. Die Erfahrung zeigt, dass sich Anforderungen im Laufe der Zeit gern einmal ändern, weswegen es nicht sinnvoll ist, sozusagen im vorauseilenden Gehorsam schon Anforderungen zu erfüllen, die noch gar nicht formuliert sind und die nur vermutet werden können. Die Probleme von heute haben eine höhere Priorität als die möglichen Probleme von morgen.
>
> Trotzdem ist vorausschauendes Handeln auch in einem agilen Kontext wichtig. Dabei geht es nicht darum, zukünftige Aufgaben jetzt schon zu beginnen oder gar zu erledigen. Es geht darum, die Grundlagen dafür zu schaffen, zukünftige Aufgaben in der Zukunft erledigen zu können. Die notwendigen Schritte zu unternehmen, um auch in der Zukunft handlungsfähig zu sein, ist gerade auch in agilen Projekten mit dem Anspruch auf Selbstorganisation erlaubt und notwendig.

Lösung

Schriftliche Dokumentation ist sinnvoll, wenn sie Themen behandelt, die über die zeitlichen Grenzen des aktuellen Projekts hinaus langfristig relevant sind.

Details

Dabei ist es wichtig zu verstehen, dass bei Weitem nicht alle Informationen, die uns heute wichtig erscheinen, auch in zukünftigen Wartungs- und Erweiterungsphasen noch von herausragender Bedeutung sein werden. Schriftlich festhalten müssen wir nur die Informationen, die ein zukünftiges Team benötigen wird, um an der Software Änderungen und Ergänzungen vorzunehmen.

Im Wesentlichen sind zwei Arten von Dokumenten langfristig nützlich.

- Wir benötigen Dokumente, die es auch in einigen Monaten oder Jahren noch ermöglichen, einen Einstieg ins Thema zu finden. DER GROSSE ÜBERBLICK (5.1), den solche Dokumente bieten, wird auch Einsteiger ins Projekt in die Lage versetzen, Zugang zu der Software zu finden und daran zu arbeiten.
- Ebenso wichtig ist es, MOTIVATION, BEGRÜNDUNGEN UND ALTERNATIVEN (5.2) im Hinblick auf die fachliche und die technische Architektur schriftlich festhalten. Jedes Projekt bewegt sich in einem Spannungsfeld verschiedener Möglichkeiten. Um die Langlebigkeit der Software sicherzustellen, ist es hilfreich, die verschiedenen Optionen nachvollziehen und bewerten zu können.

Es lassen sich auch Beispiele finden für Dinge, die später niemand mehr in schriftlicher Form braucht. In den meisten Projekten fallen Anforderungsspezifikationen in diese Kategorie: sind die Anforderungen einmal umgesetzt, ist maßgeblich, was die Software leistet, nicht was sie hätte möglicherweise leisten sollen. Auch Implementierungsdetails rechtfertigen in der Regel keine schriftliche Dokumentation. Wenn die Software später noch einmal verändert werden soll, werden die Entwickler ohnehin in den Code schauen müssen. Abgesehen davon, dass Erklärungen zum Code sowieso schnell veralten, helfen sie den Entwicklern meistens auch kaum weiter.

Im Zuge der konkreten Dokumentationsplanung werden wir weitere Beispiele kennenlernen, doch das Prinzip sollte jetzt schon klar sein: Schriftliche Dokumente entfalten ihren Nutzen meistens erst auf lange Sicht.

Diskussion Dazu kommt, dass der Nutzen, den sie entfalten, typischerweise nicht den Autoren zugutekommt, die den Aufwand in die Erstellung gesteckt haben. Den Nutzen haben eher die Teammitglieder des Folgeprojekts, das für die Weiterentwicklung verantwortlich ist. Das stellt natürlich eine gewisse psychologische Hürde dar: Personen sind meistens wenig motiviert, Zeit und Aufwand in etwas zu stecken, von dem sie nicht auch profitieren. Genau das ist auch der Grund, warum in chaotischen Projekten die Dokumentation manchmal komplett unter den Tisch fällt. Um die psychologische Hürde zu umschiffen, ist es wichtig, die Dokumentation langfristig benötigten Wissens als echtes Projektergebnis zu begreifen.

2.3   Skalierbare Dokumentation

Kontext Die ORIENTIERUNG AM LESERKREIS (2.1) ist unser grundlegendes Prinzip bei der Gestaltung der Dokumentation in einem agil durchgeführten Projekt. Wir werden daher die DOKUMENTATION LANGFRISTIG RELEVANTEN WISSENS (2.2) im Auge behalten. Wir müssen aber überlegen, ob es möglicherweise noch andere Szenarien gibt, in denen schriftliche Dokumentation notwendig ist.

Problem **Wie gehen wir mit der Einschränkung um, dass interaktiv geführte Diskussionen nur in kleineren Gruppen gut funktionieren?**

Analyse Agile Projekte sind oft relativ klein, was die Anzahl der Teammitglieder angeht. Idealerweise ist das Team auf wenige Büros verteilt. In einem solchen Szenario lässt sich Wissen gut mündlich weitergeben. Für den reinen Informationsaustausch innerhalb des Teams ist schriftliche Dokumentation dann weitgehend überflüssig.

> **Agilität in großen Projekten**
>
> Agilität wird häufig mit kleineren Projekten in Verbindung gebracht, weil sich viele der im Agilen Manifest beschriebenen Prinzipien im kleinen Kreis leichter in die Realität umsetzen lassen. Beispielsweise gelingt die enge Kooperation mit dem Kunden besser, solange nur wenige Personen in einen engen Informationsaustausch treten, als wenn wir dasselbe für eine große Zahl von Personen erreichen wollen. Auch fällt kleinen Teams die von agilen Verfahren empfohlene Selbstorganisation erfahrungsgemäß leichter als großen Teams von bis zu hundert Personen.
>
> Trotzdem ist es auch in großen Projekten möglich, den Weg in Richtung Agilität zu gehen, wenngleich dieser Weg dann etwas anders aussehen mag. In ihrem Buch *Agile Softwareentwicklung in großen Projekten* beschreibt Jutta Eckstein, wie sich agile Prozesse (beispielsweise bei der Projektplanung, der Integration von Software und bei Retrospektiven) auch auf größere Teams übertragen lassen [Eckstein 2011].

Es gibt aber auch Projekte, die aufgrund ihrer Größe nicht die Möglichkeit haben, Diskussionen mit dem gesamten Team zu führen. Verstärkt wird dieser Effekt noch, wenn das Team nicht an einem Ort arbeitet. Dies mag nicht der Idealvorstellung agiler Entwicklung entsprechen, aber in der Realität kommt es eben vor, und natürlich gibt es auch gute Gründe dafür: beispielsweise weil Teammitglieder sich aus persönlichen oder familiären Gründen nicht permanent am Projektstandort aufhalten können.

In solchen Fällen wird häufig auf schriftliche Kommunikation ausgewichen. Einerseits ist das verständlich, weil Dokumentation im Gegensatz zu verbaler Kommunikation im Hinblick auf die Anzahl der Personen und auf deren räumliche Verteilung gut skaliert. Andererseits lösen sich die berechtigten Bedenken gegenüber schriftlicher Kommunikation nicht automatisch auf, nur weil die eigentlich favorisierte Lösung, nämlich die informelle Diskussion, nicht mehr möglich ist. Und Bedenken gibt es natürlich: Dokumentation ist in ihrer Entstehung teuer, Dokumentation erlaubt keine Nachfragen, Dokumentation erzeugt nicht automatisch Verständnis.

Das Ausweichen auf Dokumentation allein ist also auch in großen Projekten keine tragfähige Lösung.

Dokumentation kann als ergänzende Maßnahme sinnvoll sein, um wichtige Informationen schnell einem großen oder räumlich verteilten Personenkreis zugänglich zu machen. *Lösung*

Wichtig ist, Dokumentation tatsächlich als ergänzende Maßnahme zu verstehen. Primär sollten wir darum bemüht sein, auch große und räumlich verteilte Projekte so zu organisieren, dass einzelne, kleinere Teams entstehen, die häufig an einem Ort zusammenarbeiten können. *Details*

Das wird nicht immer funktionieren, aber selbst dann können gelegentliche gemeinsame Workshops helfen, Personen wenigstens zeitweise räumlich zusammenzubringen. Gelegentliche gemeinsame Meetings sind auch dann unabdingbar, wenn Teams geografisch verteilt sind. Außerdem bietet die heutige Technologie die Möglichkeit zu interaktiven Diskussionen über räumliche Grenzen hinweg, beispielsweise durch Videokonferenzen und Internettelefonie.

Unter der Voraussetzung, dass solche Techniken genutzt werden, um das Grundbedürfnis von Teams nach persönlichen Gesprächen und Diskussionen abzudecken, spricht nichts dagegen, auch schriftliche Dokumente einzusetzen, um wichtige Informationen vielen Personen zur Verfügung zu stellen. Nützlich sind Dokumente insbesondere in den folgenden Fällen:

- Dokumentation eignet sich dazu, Dinge zu vermitteln, die sehr viele Personen betreffen, entweder in einem großen Team oder auch über Teamgrenzen hinweg. Ein typisches Beispiel ist wieder einmal DER GROßE ÜBERBLICK (5.1): ein Dokument, das eine Übersicht über die Projektziele, die fachliche und die technische Architektur bietet und daher für praktisch alle Projektbeteiligten wichtig ist. Ebenso fallen zentrale Anforderungsdokumente sowie Schnittstellenbeschreibungen häufig in die Kategorie der Dokumente mit einem großen Leserkreis.
- Dokumentation ist auch sinnvoll bei Dingen, die keine große Diskussion erfordern, die aber trotzdem jeder im Team wissen muss. Beispiele hierfür sind die Anleitung zum Aufbau der Entwicklungsumgebung, ein Dokument mit Programmierrichtlinien oder auch nur eine einfache Liste der verschiedenen Ansprechpartner für verschiedene Themen.

Solche Dokumente zu erstellen, ist auch in einem agilen Kontext legitim.

Diskussion Tatsächlich sind diese Dokumente nicht ausschließlich in großen Projekten sinnvoll. Sie können ihren Nutzen auch in kleineren Projekten entfalten. Weil der Nutzen eines Dokuments aber mit der Anzahl der Leser steigt, werden solche Dokumente gerade in großen Teams aus organisatorischen Gründen nahezu unverzichtbar.

Speziell bei Dokumenten, die viele Leser haben werden, ist auch ein gewisser Aufwand in der Erstellung gerechtfertigt. Dies soll kein Aufruf zu gestalterischem Perfektionismus sein: Projektdokumentation muss keinen Schönheitspreis gewinnen. Sie soll aber nützlich sein, und wenn sich mit einer Stunde Aufwand ein Dokument so verbessern lässt, dass viele Leser auch nur eine Viertelstunde Zeit sparen, dann lohnt sich das bereits.

2.4 Erkenntnisgewinn durch Dokumentation

Bislang haben wir uns hauptsächlich um den Nutzen möglicher Dokumentation für die Leser Gedanken gemacht. Folglich stand die ORIENTIERUNG AM LESERKREIS (2.1) im Vordergrund. Jetzt sollten wir unsere Frage nach dem Sinn und Zweck von Dokumentation etwas ausdehnen und analysieren, ob es darüber hinaus weitere Gründe gibt, die die Erstellung von Dokumentation sinnvoll erscheinen lassen. *Kontext*

Wie schaffen wir es, auch introvertierte Personen in die konzeptionelle Arbeit im Team zu integrieren? *Problem*

Das Agile Manifest betrachtet einen interaktiven Arbeitsstil und die daraus resultierende Kooperation innerhalb der Teams zu Recht als essenzielle Voraussetzung für den Projekterfolg. Diskussionen im Team haben hohes Gewicht: Dass mehrere Personen gemeinsam an einem Whiteboard stehen und gemeinsam ein Konzept entwickeln, ist in einem agil durchgeführten Projekt ein typisches Bild. Dieses Vorgehen führt oft zu vielen guten Ideen. *Analyse*

Man muss aber anerkennen, dass es nicht jedem gleichermaßen gut gelingt, in der interaktiven Runde am Whiteboard gute Ideen zu entwickeln. Speziell introvertierte Personen ziehen es vor, sich etwas mehr Zeit zu nehmen und in mehr Ruhe zu arbeiten.

Die nötige Konzentration dafür finden diese Personen oft, wenn sie versuchen, Dinge zu Papier zu bringen. Beim Schreiben gelingt es ihnen, Anforderungen und Konzepte wirklich zu durchdringen und mögliche Schwachstellen zu identifizieren. Ein ausschließlicher Fokus auf einen stark interaktiven Arbeitsstil nimmt introvertierten Personen die Chance, gute Beiträge zum Team beizusteuern.

Insbesondere in einem agilen Projekt ist es legitim, wenn Teammitglieder Konzepte (bis zu einem gewissen Grad) schriftlich ausarbeiten, um dabei bessere Ideen zu entwickeln oder tiefer in die Materie einzutauchen. *Lösung*

Ob es sinnvoll ist, schriftliche Dokumentation zum Zweck des Erkenntnisgewinns einzusetzen, hängt ganz von der jeweiligen Person ab. Manchen Menschen erscheint dieses Vorgehen plausibel und erfolgversprechend, anderen überhaupt nicht. Wer diese Form der Dokumentation nur als lästige Pflicht ansieht, wird auch zu keinem Erkenntnisgewinn kommen – in diesem Fall lässt man die Sache besser bleiben. *Details*

Wenn jemand aber ein Eigeninteresse an diesem Vorgehen hat, eben weil es dem persönlichen Arbeitsstil entspricht, dann gilt es, das zu respektieren: Schließlich kann aus den gewonnenen Erkenntnissen das gesamte Projekt Vorteile ziehen.

> **Ist Dokumentation zum Erkenntnisgewinn in agilen Projekten legitim?**
>
> Es gibt Agilisten, die sich an der Empfehlung stören, Dokumentation zum Zweck des Erkenntnisgewinns einzusetzen. Das typische Gegenargument lautet, dass in agilen Projekten das Team eine herausragende Rolle einnimmt und dass Teamwork daher wichtiger ist als die Arbeitsprozesse einzelner. Typischerweise kommen solche Einwände von (tendenziell eher extrovertierten) Personen, die selbst mit großer Begeisterung im Team arbeiten und mit ihrem engagierten Diskussionsstil auch viel zum Erfolg eines Teams beitragen können.
>
> Aber: Menschen sind unterschiedlich! Manche Personen lieben hochgradig interaktive Diskussionen, andere weniger. Manchen Personen hilft das Schreiben beim Durchdringen der Materie, anderen hilft es überhaupt nicht. Vorschnelle Urteile bezüglich der Effektivität verschiedener Arbeitsstile sollten wir an dieser Stelle vermeiden.
>
> Das Agile Manifest erkennt an, dass Personen wichtiger sind als Prozesse und Werkzeuge [Agile Alliance 2001]. Folglich sind es die Prozesse, die an die Fähigkeiten und Wünsche der einzelnen Projektbeteiligten angepasst werden müssen, nicht umgekehrt. Es ist damit im ureigensten Interesse der agilen Entwicklung, dem Wunsch einzelner Projektbeteiligter nach dem Aufschreiben von Dingen Rechnung zu tragen, wenn der Prozess des Schreibens diesen Personen tatsächlich bei ihrer täglichen Arbeit hilft.

Es gibt verschiedene Dokumente, die im Prinzip aus der Motivation des Erkenntnisgewinns heraus entstehen können. Zwei typische Beispiele sind die folgenden:

- Das Schreiben von Spezifikationen kann nützlich sein um festzustellen, ob Anforderungen wirklich genau verstanden wurden. Allein beim Versuch, Anforderungen in strukturierter Form aufzuschreiben, können mögliche Unklarheiten oder Widersprüche auffallen.
- Beim Schreiben von Designdokumenten kann es gelingen, Konzepte zu präzisieren oder offene Punkte zu identifizieren. Schreiben, zwingt uns zu einem gewissen Grad an Präzision, und das kann hilfreich sein, um zu wirklich tragfähigen Konzepten zu kommen.

Es gibt weitere Beispiele dafür, wie Autoren aus dem Dokumentationsprozess heraus Nutzen für ihr eigenes Verständnis der Materie ziehen. Einige davon hat Dierk König in seinem Artikel *Umfassende Dokumentation* beschrieben, den er anlässlich des zehnjährigen Jubiläums des Agilen Manifests verfasst hat [König 2011].

Die Idee, Dokumentation zum Erkenntnisgewinn einzusetzen, steht im Übrigen auch nicht im Widerspruch zu den üblichen agilen Praktiken.

Diskussion

Nehmen wir beispielsweise die enge Kooperation mit dem Auftraggeber, die ein Markenzeichen agilen Vorgehens ist. Wenn wir den Versuch unternehmen, Anforderungen durch Aufschreiben besser zu verstehen, bedeutet das natürlich nicht, dass damit die Diskussion mit dem Kunden entfällt (und der Kunde nicht mehr für Fragen ansprechbar sein müsste). Im Gegenteil, der Versuch, die Anforderungen an die Software in strukturierter Form zu Papier zu bringen, kann als Vorbereitung auf die nächste Diskussionsrunde mit dem Kunden betrachtet werden, weil sich im Prozess des Schreibens genau die Fragen herauskristallisieren, die wir dem Kunden stellen müssen, um Software im Sinne des Kunden entwickeln zu können.

Das Aufschreiben eines Konzepts steht auch nicht im Widerspruch zur interaktiven Diskussion. Tatsächlich kann es hilfreich sein, wenn beides sich ergänzt: auf der einen Seite die Diskussion im Team, die vielleicht eher den Charakter eines Brainstormings hat, und auf der anderen Seite die schriftliche Ausarbeitung, die Gedanken zulässt, die vielleicht in der Diskussion am Whiteboard zu kurz gekommen sind. Natürlich gibt es Menschen, denen es gelingt, direkt am Whiteboard alle wichtigen Aspekte in die Diskussion einzubringen, aber wie bereits erwähnt gilt das nicht für alle Menschen. In der Summe kann ein Projekt davon profitieren, wenn es ganz unterschiedliche Formen zulässt, wie die Projektbeteiligten Ideen entwickeln und validieren. Dokumentation ist eine mögliche dieser Formen.

Zusammenfassung und Ausblick

Wir haben in diesem Kapitel einen ersten Blick auf die Prinzipien geworfen, die mit einem agilen Vorgehen bei der Erstellung von Dokumentation einhergehen und die wir sinnvollerweise unserer Dokumentationsstrategie im Projekt zugrunde legen. Was müssen wir als Nächstes tun?

- Prinzipien sind natürlich nicht alles, und schon bald werden wir auf Basis dieser Prinzipien in die konkrete Planung der Dokumentation einsteigen. In Kapitel 4 werden wir uns mit der Frage beschäftigen, wie diese Planung aussehen kann und welche Art von Dokumenten tatsächlich sinnvoll sind.
- Vorher werden wir uns aber noch überlegen, auf welcher technischen Basis wir die Dokumentation erstellen werden. Dieser Frage gehen wir im nächsten Kapitel nach.

3 Infrastruktur und Werkzeuge

Im letzten Kapitel haben wir überlegt, nach welchen grundsätzlichen Kriterien wir in einem agil durchgeführten Projekt entscheiden, welche Dokumente erforderlich sind oder zumindest sein können. Bevor wir in die konkrete Planung der Dokumentation einsteigen können, stellt sich nun die Frage nach der technischen Infrastruktur, um unsere Pläne auch in die Tat umsetzen zu können.

Welche Werkzeuge und Techniken helfen uns bei der Erstellung der notwendigen Dokumente? Welche Rahmenbedingungen sind nötig, um die Erstellung der Dokumentation einfach zu gestalten? Was können wir tun, um den Aufwand für die Erstellung der Dokumente zu reduzieren? Das sind die Fragen, mit denen wir uns in diesem Kapitel beschäftigen werden.

Ziel dieses Kapitels ist es, einem agilen Team dabei zu helfen, solche Techniken und Werkzeuge auszuwählen, die es in die Lage versetzen, die im Projekt erforderliche Dokumentation auf möglichst effektive Art und Weise zu erstellen. Es geht nicht darum, Teams Vorschriften zu machen, welche Werkzeuge sie einzusetzen haben. Projekte sind individuell geprägt, und Gleiches gilt für die beteiligten Personen. In manchen Projekten funktioniert das eine Werkzeug besser, in anderen ein anderes. Konkrete Toolempfehlungen sind daher fehl am Platze.

Ideen für die Auswahl von Werkzeugen

Natürlich gibt dieses Kapitel einige Tipps, mit welcher Art von Werkzeugen auf welche Weise sich in vielen Fällen sinnvoll arbeiten lässt. Trotzdem muss letztlich jedes Team seinen eigenen Weg zu einer effektiven Dokumentationsinfrastruktur finden. Wie schon ein paar Mal erwähnt, beschreibt der Begriff »agil« eben keine Sammlung von Techniken, sondern eine Haltung im Hinblick auf das Vorgehen im Projekt.

Generell gilt ohnehin, dass keine einzelne Technik als Allheilmittel angesehen werden kann. Es gibt nicht das einzelne Werkzeug oder die einzelne Technik, die auf einen Schlag alle möglichen Dokumentationsprobleme löst. Was es hingegen gibt, sind Techniken, die, sofern sie

Technik zur Unterstützung, nicht als Allheilmittel

richtig angewendet werden, einem das Leben etwas einfacher machen. Von solchen Techniken handelt dieses Kapitel.

3.1 Wenige einfache Tools

Kontext Wir haben eine ungefähre Vorstellung davon, welche Dokumente wir in unserem Projekt benötigen und wer auf diese Dokumente angewiesen sein wird. Wir sind auf der Suche nach Werkzeugen, die uns bei der Erstellung der Dokumentation unterstützen.

Problem **Wie können wir vermeiden, dass die Erstellung der Dokumentation in einen komplizierten und schwer durchschaubaren Prozess mündet?**

Analyse Bei der Erstellung der Dokumentation sind wir natürlich auf Werkzeuge angewiesen. Wir müssen Dokumente schreiben, mit Softwareständen abgleichen, in Verzeichnisstrukturen ablegen, archivieren und letztlich auch verteilen. Ohne Toolunterstützung geht das nicht.

Wenn wir uns auf dem Markt für Dokumentationswerkzeuge umsehen, stellen wir schnell fest, dass es jede Menge unterschiedlicher Tools gibt. Manche dieser Werkzeuge sind sehr mächtig: Der Funktionsumfang reicht von der Texterstellung über Generierungstechniken bis hin zur Integration mit anderen Systemen. Aber so vorteilhaft diese Werkzeuge auch erscheinen mögen, die geballte Funktionalität hat auch Nachteile: Werkzeuge erfordern Einarbeitungsaufwand, sind nicht immer leicht zu bedienen und häufig kosten die Lizenzen auch eine Menge Geld.

Das mit Abstand schwerwiegendste Argument gegen äußerst mächtige Dokumentationswerkzeuge liegt aber in der Erfordernis, dass wir uns in unseren Arbeitsprozessen an die Abläufe anpassen müssten, die diese Tools vorsehen. Fast immer besteht aufseiten der Tools eine gewisse Erwartung, was die zugrunde liegenden Prozesse angeht. Wenn wir ein solches Tool nutzen wollen, können wir unsere eigenen Prozesse im Hinblick auf die Dokumentation nicht mehr frei gestalten.

Genau das ist aber etwas, wovon die agilen Methoden aus gutem Grund abraten. Das Agile Manifest betrachtet sowohl Werkzeuge wie auch Prozesse als Mittel zum Zweck [Agile Alliance 2001]. Sich einem Tool zu unterwerfen, wenn man eigentlich ganz anders vorgehen möchte, ist keine gute Idee.

> **Beispiel: Einsatz komplizierter Werkzeuge**
>
> In dem Bemühen, die möglichst vollständige Dokumentation der eigenen Software sicherzustellen, hatte ein Unternehmen ein anspruchsvolles Dokumentationsmodell entwickelt. Das Modell kannte verschiedene Dokumenttypen, die mit jeweils unterschiedlichen Werkzeugen erstellt werden mussten. Neben den eigentlichen Erstellungswerkzeugen wie Textverarbeitungssystem und UML-Editor hatte man auch noch Generatoren entwickelt, um Artefakte, die an einer Stelle entstanden, automatisch wieder in andere Dokumente zu integrieren. Ein Vorgehensmodell beschrieb obendrein, wer wann was an einem Dokument tun durfte. Das Metamodell, das nötig war, um das ganze Konzept zu beschreiben, war allein 20 Seiten lang.
>
> Auch wenn dieser Ansatz für jeden, dem ein agiles Vorgehen vertraut ist, bizarr klingen mag: Der Ansatz war nicht ohne Grund gewählt worden. Die IT bestand aus über 100 Personen und man wollte sicherstellen, dass Software, die in den Projekten entwickelt wurde, später von anderen Abteilungen genutzt werden konnte. Mit dem Vorgehensmodell wollte man verhindern, dass mehrere Teams unbeabsichtigt konkurrierende Änderungen an Modulen planen konnten. Ein Check-in-Check-out-Mechanismus verhinderte solche Probleme.
>
> Trotzdem wurde letztlich niemand so recht glücklich mit der gewählten Lösung. Sie war einfach zu kompliziert. Kaum jemand war in der Lage, das 20-seitige Konzept zu verinnerlichen, und so kam es bei der Benutzung der Dokumentationswerkzeuge immer wieder zu Unfällen: ein vergessener Check-out, eine nicht angestoßene Generierung, ein missverstandenes Modell. Trotz der eigentlich guten Absichten hat das Dokumentationsmodell die Erstellung der Dokumentation im Projekt aufwendig und kompliziert gemacht.

Um derartige Situationen zu vermeiden, empfehlen praktisch alle agilen Verfahren einfache, geradlinige Prozesse und raten dazu, Werkzeuge nur dann einzusetzen, wenn ihre Benutzung klar und einfach ist. So werden komplizierte, fehleranfällige Prozesse vermieden.

Die Erstellung sämtlicher Dokumente muss sich mit wenigen, allgemein verstandenen Tools bewerkstelligen lassen. *Lösung*

Welche Werkzeuge hierfür infrage kommen, lässt sich nicht generell sagen. Es hängt vom jeweiligen Projekt, den konkreten Anforderungen an die Dokumentation, den Kenntnissen der Teammitglieder und deren Präferenzen ab. Dierk König empfiehlt (in einem Artikel anlässlich des zehnjährigen Jubiläums des Agilen Manifests) mit verschiedenen Tools zu experimentieren: »Wiki, Docbook, Grails-Doc, Word, selbsterzeugende Dokumentation, API-Doc, HTML, LaTeX, Akzeptanztests als Dokumentation, Demos oder Screen-Casts? Finden Sie heraus, was für Ihr Team passt« [König 2011]. *Details*

Wichtig bei der Toolauswahl ist, dass sich die Teammitglieder mit der Entscheidung wohlfühlen und die gewählten Werkzeuge als hilfreich empfinden. Viele Projekte haben sehr gute Erfahrungen mit der einem WIKI (3.2) gemacht, weswegen das WIKI (3.2) heute als typische Dokumentationsinfrastruktur in agilen Projekten gilt. Letztlich muss aber jedes Projektteam individuell entscheiden, welche Werkzeuge eine einfache und geradlinige Arbeitsweise ermöglichen.

Diskussion Die Auswahl von Werkzeugen ist häufig eine unternehmensweite Entscheidung. Dass dies oftmals mit Problemen verbunden ist, beschreibt Jutta Eckstein in ihrem Buch *Agile Softwareentwicklung in großen Projekten* in einem Abschnitt über unternehmensweite Werkzeuge und Technologien [Eckstein 2011].

Dokumentationswerkzeuge stellen keine Ausnahme dar. Viele Unternehmen geben für ihre IT, und damit auch für sämtliche IT-Projekte, zwingend vor, welche Werkzeuge für welche Aspekte der Dokumentation genutzt werden sollen. Die Gründe für eine solche Strategie sind vielfältig: Vielleicht ist man um Einheitlichkeit bemüht, um die Lernkurve bei der Nutzung der Werkzeuge günstig zu gestalten. Vielleicht ist man überzeugt, tatsächlich die richtigen Werkzeuge gefunden zu haben, die letztlich auch die besten Ergebnisse liefern. Vielleicht sind für bestimmte Tools die notwendigen Lizenzen besorgt worden, was natürlich bedeutet, dass diese Tools dann auch verwendet werden sollen. All diese Gründe sind legitim, und vielleicht führen sie auch zu einer guten Werkzeugauswahl, von der die einzelnen Projekte profitieren können.

Allerdings nimmt eine solche Strategie den einzelnen Projekten die Chance, für sich selbst zu definieren, mit welchen Werkzeugen sie arbeiten wollen. Gerade in der agilen Denkwelt, in der wir bestrebt sind, Werkzeuge und Prozesse an die Wünsche der beteiligten Personen anzupassen, ist das eine unglückliche Konstellation. Wenn die vorgegebenen Werkzeuge allgemeine Anerkennung finden, haben wir kein Problem. Was tun wir aber, wenn das Unternehmen bestimmte Dokumentationswerkzeuge (und eventuell auch einen komplizierten Dokumentationsprozess) vorsieht und uns dies in unserem agilen Projekt wenig vorteilhaft erscheint?

Ein möglicher Kompromiss besteht darin, sich bei der Erstellung der Produktdokumentation an die vorgegebenen Standards zu halten, andererseits aber zu argumentieren, dass alle anderen Dokumente projektintern sind und damit das Projekt auch für die Auswahl der Werkzeuge zuständig sein muss. Weil ein agil arbeitendes Projekt eher auf der Suche nach einfachen als nach komplizierten (und teuren) Lösungen ist, ist diese Haltung häufig durchsetzbar (weil sie in der Regel nicht mit hohen Kosten verbunden ist). Damit kann ein agiles Team wenigstens für einen Großteil der Dokumentation einen geradlinigen Prozess etablieren, der auf wenigen einfachen Tools basiert.

3.2 Wiki

Wir haben die grundlegende Entscheidung getroffen, uns bei der Erstellung unserer Dokumentation auf WENIGE EINFACHE TOOLS (3.1) zu konzentrieren, und gehen davon aus, dass wir bei der Auswahl von Werkzeugen auch einigermaßen freie Hand haben, zumindest was weite Teile der Dokumentation angeht. Als Nächstes steht die Entscheidung an, welche Art von Tools wir konkret nutzen wollen. *Kontext*

Wie können wir eine arbeitsteilige Organisation der Dokumentation erreichen? *Problem*

Softwareprojekte werden typischerweise von Teams durchgeführt. Nicht nur im agilen Kontext ist der Teamgedanke besonders ausgeprägt, auch traditionell organisierte Projekte zeichnen sich durch einen großen Anteil an Teamwork aus. *Analyse*

Das hat natürlich auch Folgen für die Entstehung der Dokumentation. Weil niemand im Team Kenntnis von allen Dingen haben kann, die es möglicherweise Wert sind, dokumentiert zu werden, müssen typischerweise viele Personen zur Dokumentation beitragen. Gesucht ist daher eine Infrastruktur, die ein Arbeiten im Team möglichst erleichtert.

Teamwork ist natürlich auch bei traditionellen Dokumenten möglich, die mit einem Textverarbeitungssystem erstellt werden. Eine Reihe von Problemen gibt es aber doch. Es ist praktisch nicht möglich, dass mehrere Personen gleichzeitig Änderungen an verschiedenen Stellen eines Dokuments vornehmen. Außerdem ist oft nicht klar, wo Dokumente abgelegt werden: Auch wenn es ein Projektverzeichnis gibt, liegen erfahrungsgemäß viele Dokumente doch auf den Rechnern einzelner Projektmitarbeiter. Auch die Versionierung ist nicht immer klar: Oft existieren mehrere Versionen eines Dokuments und nicht immer ist allen Beteiligten bewusst, welches die aktuelle Fassung ist. Ein richtiges Durcheinander entsteht, wenn man es sich zur Gewohnheit macht, Dokumente auch noch per E-Mail zu verteilen und die gesamte Dokumentation dann auf eine Vielzahl vom Mail-Foldern verteilt ist.

Natürlich kann man im Prinzip den meisten dieser Probleme mit organisatorischen Mitteln begegnen. Die Erfahrung zeigt aber, dass das nicht immer gelingt, jedenfalls nicht so einfach, wie wir es uns für eine geradlinige Dokumentationsinfrastruktur wünschen würden. All dies spricht dafür, sich nach einer Alternative zu traditionellen Dokumenten umzusehen.

Lösung **Zur Erstellung und zur Ablage von Projektdokumentation und Systemdokumentation ist ein Wiki hervorragend geeignet.**

Details Ein Wiki stellt eine Infrastruktur zur Verfügung, die speziell den Bedürfnissen von Teams entgegenkommt und sich außerdem durch eine einfache und geradlinige Benutzung auszeichnet:

- Weil ein Wiki sämtliche Informationen auf einzelne Seiten verteilt, die zusammen die Dokumentation eines Projekts oder sogar eines Unternehmens bilden, wird das parallele Arbeiten verschiedener Personen aktiv unterstützt. Simultane Änderungen an verschiedenen Seiten sind problemlos möglich.
- Durch die Verknüpfung der einzelnen Seiten mittels Hyperlinks entstehen hypertextartige Strukturen, die beliebig an die Bedürfnisse einzelner Projekte angepasst werden können.
- Mithilfe des sogenannten Wiki-Markup ist es möglich, Text auf ganz einfache Weise zu formatieren. Wiki-Markup sieht Formatierungsanweisungen beispielsweise für Überschriften, Listen und Tabellen vor, die ausgesprochen leicht zu erlernen sind und trotzdem ein passables Layout der Texte ermöglichen. Die Abbildungen 3–1 und 3–2 zeigen zwei beispielhafte Screenshots.
- Manche Wikis erlauben heutzutage außerdem die nahtlose Integration von Bildern und Diagrammen, zumindest mithilfe von geeigneten Plug-ins.
- Wikis erlauben nicht nur das Erstellen von Texten im Wiki-typischen Format, sondern auch die Ablage von Dokumenten, die mit anderen Werkzeugen erstellt wurden. Typischerweise geschieht das in der Form, dass diese Dokumente einer Wiki-Seite als Anhang hinzugefügt werden. Eine nahtlose Integration ist das zunächst einmal nicht (außer das Wiki verfügt über die entsprechenden Plug-ins, derartige Anhänge auch direkt anzuzeigen), aber immerhin ist es so möglich, Dokumente unterschiedlichen Typs an einem Ort abzulegen.
- Wikis bieten effektive Suchfunktionen. Viele Wikis erlauben es auch, einzelne Seiten mit frei definierbaren Stichworten (Tags) zu versehen, nach denen dann natürlich auch gesucht werden kann.
- Viele Wikis enthalten bereits Funktionen zur Archivierung, was sich in der Regel nicht nur auf die im Wiki selbst erstellten Texte, sondern auch auf die Anhänge erstreckt. Für die eigentlichen Wiki-Texte bieten sie darüber hinaus häufig auch eine Funktion zum Vergleich zwischen verschiedenen Versionen.

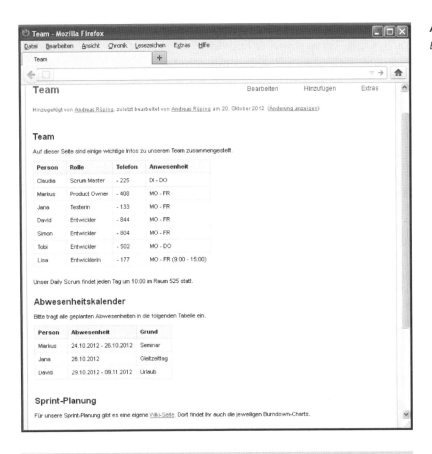

Abb. 3-1
Eine typische Wiki-Seite

> **Geschichte der Wikis**
>
> Die Idee des Wikis geht auf Ward Cunningham zurück, der den Wunsch hatte, eine webbasierte Infrastruktur für die Dokumentation zu entwickeln, die vor allem eins war: schnell [Leuf/Cunningham 2001]. Ursprünglich hieß das Ganze noch Wiki-Wiki-Web, wobei *wiki* das hawaiianische Wort für *schnell* ist. Die Implementierung des Wikis zeichnete sich vor allem durch die Verwendung von Hyperlinks aus sowie dadurch, dass mit einem ganz einfachen Hilfsmittel, nämlich dem Wiki-Markup, gut strukturierte und zumindest passabel formatierte Seiten entstanden.
>
> Mittlerweile haben Wikis eine große Verbreitung erfahren. Spätestens seit Wikipedia (www.wikipedia.org) als Online-Enzyklopädie einen großen Bekanntheitsgrad erreicht hat, sind Wikis praktisch jedem bekannt. In vielen Softwareprojekten sind Wikis mittlerweile ein Standardwerkzeug für die Dokumentation. Es gibt eine ganze Reihe von Herstellern, die Wikis mit im Detail durchaus unterschiedlicher Funktionalität anbieten.

Das sind schon eine ganze Reihe Vorteile, und es ist keine Überraschung, dass sich viele Projekte heutzutage für ein Wiki entscheiden, wenn es um die Erstellung der Dokumentation geht. Vor allem ist die

Nutzung eines Wikis unkompliziert und unbürokratisch, was Wikis auch in den Augen mancher Entwickler beliebt macht, die kein so ausgeprägtes Interesse an Dokumentation haben.

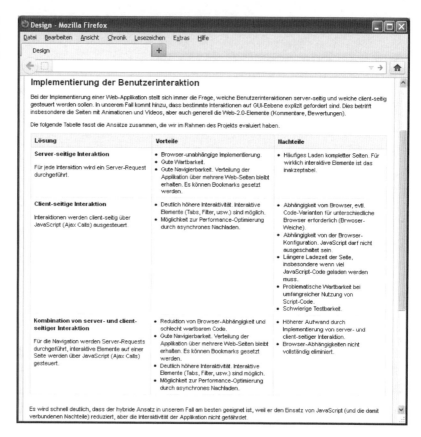

Abb. 3–2
Eine weitere typische Wiki-Seite

Natürlich *muss* einen Projekt kein Wiki benutzen: Wie immer ist die agile Haltung auch an dieser Stelle die, dass Teams die Werkzeuge einsetzen sollten, mit denen sie am besten arbeiten können. Aufgrund der einfachen Benutzbarkeit ist ein Wiki aber gerade in agilen Projekten ein sehr guter Kandidat für das Werkzeug der Wahl.

Beispiel: Einsatz eines Projekt-Wikis

In der IT-Abteilung eines Unternehmens, in der eigentlich traditionelle Dokumentation üblich war, hatten 2008 einige Entwickler die Idee, zumindest für ein bestimmtes Projekt ein Wiki auszuprobieren. Die ganze Aktion war ein sogenanntes U-Boot – das heißt, die Initiative ging von den Entwicklern aus, nicht etwa vom Management.

Das Wiki war schnell installiert und gewann bei den meisten Entwicklern schnell an Popularität, zum einen aufgrund der einfachen Möglichkeit, mithilfe des Wiki-Markup schnell einfache Texte zu erstellen, zum anderen weil schnell klar war, was wo dokumentiert werden sollte. Es dauerte nicht lang, bis nahezu von allein eine einigermaßen brauchbare Systemdokumentation entstanden war. Diese Dokumentation war nicht perfekt, sie enthielt Lücken und musste zu einem bestimmten Zeitpunkt auch einmal reorganisiert werden. Trotzdem war sie brauchbar und hielt einiges an wissenswerten Informationen bereit.

In der Summe war der erste Einsatz eines Wikis in diesem Unternehmen ein Erfolg. Als Grund hierfür ist vor allem zu nennen, dass die Entwickler die Dokumentation aus eigenem Antrieb erstellt haben. Entgegen dem landläufigen Vorurteil waren sie nicht generell gegen Dokumentation eingestellt, sondern waren es einfach nur leid, lange Dokumente in einem für sie ungeliebten Format zu erstellen. Zum Wiki hatten sie von Anfang an eine größere Affinität als zu traditionellen Dokumenten.

Letztlich haben auch andere Projekte das Wiki genutzt, das mittlerweile ein etablierter Bestandteil der Infrastruktur in der IT-Abteilung des Unternehmens ist.

Diskussion

Mit der Entscheidung für ein Wiki sind natürlich noch nicht alle Probleme gelöst. Gelegentlich tun sich Projekte schwer mit der Entscheidung, welche Dokumente im Wiki abgelegt werden sollen und welche nicht. Man mag argumentieren, dass das Wiki idealerweise die einzige Plattform ist, die ein Projekt nutzt. In der Praxis gibt es aber auch Gründe, die dagegen sprechen, manche Dinge im Wiki abzulegen.

Ein wichtiges Beispiel betrifft vertrauliche Dokumente (die es auch in agilen Projekten geben kann, die generell durch eine Kultur der Offenheit und Transparenz geprägt sind). Auch wenn heutige Wikis fast immer über die Möglichkeit verfügen, Zugriffsberechtigungen zu definieren, so sind Informationen im Wiki doch in den allermeisten Fällen dem gesamten Team zugänglich. Für vertrauliche Informationen ist das Wiki daher manchmal kein geeigneter Ort. In einem solchen Fall muss man sich überlegen, für welche Dokumentation das Wiki genutzt werden soll und für welche nicht. Eine klare Abgrenzung ist wichtig, um Unklarheiten zu vermeiden.

> **Das Wiki: Ein einfaches Tool?**
>
> Agile Projekte sind um ein geradliniges Vorgehen bemüht und in der Regel bedeutet dies auch, WENIGE EINFACHE TOOLS (3.1) einzusetzen. So kann sich das Team auf die eigentlichen Aufgaben konzentrieren und muss sich nicht andauernd mit der (komplizierten) Funktionsweise (komplexer) Werkzeuge vertraut machen.
>
> Im Prinzip passt ein Wiki daher hervorragend in die agile Landschaft. Allerdings haben sich auch die Wikis in den letzten Jahren weiterentwickelt und sich von ihrer ursprünglichen Einfachheit ein Stück weit entfernt. Ist das ein Fortschritt, den es zu begrüßen gilt, oder eher eine traurige Entwicklung?
>
> Pauschal lässt sich diese Frage nicht beantworten. Einige der Funktionen, die viele Wikis heutzutage anbieten, werden von den allermeisten Benutzern begrüßt. Weitgehende Zustimmung finden zum Beispiel die Möglichkeit zur Archivierung, die Einbettung von Diagrammen, die Benachrichtigungen bei Änderungen, die Vergabe von Zugriffsrechten.
>
> Leider sind mittlerweile einige Hersteller dazu übergegangen, ihre Wikis mit komplizierten Mechanismen zu überfrachten. Beispielsweise ist es bei einem Anbieter so, dass bei der Eingabe von Text die Darstellung als Wiki-Markup überhaupt nicht mehr angeboten wird und die Benutzer zur Rich-Text-Ansicht (und damit zur Formatierung des Texts mit der Maus anstelle der Tastatur) gezwungen sind. Vieles von der ursprünglichen Einfachheit eines Wikis geht dadurch leider verloren.
>
> Letztlich ist es Geschmackssache, welche Funktionalität man bei einem Wiki begrüßt und welche nicht. Bei der Auswahl eines Wikis für die eigene Organisation sollte man aber darauf achten, dass das Werkzeug der Wahl die Zustimmung der Personen findet, die damit arbeiten werden. In einem agilen Umfeld ist die Wahrscheinlichkeit hoch, dass diese Personen ein unkompliziertes und geradliniges Werkzeug favorisieren.

Darüber hinaus gibt es eine ganze Reihe weiterer Fragen, die mit der Entscheidung für ein Wiki noch nicht beantwortet sind. Insbesondere müssen wir uns noch überlegen, wie wir das Wiki in unserem Projekt konkret nutzen wollen. Wie soll die Struktur aussehen? Wer schreibt die Beiträge? Gibt es ein Vorgehen zur Durchführung von DOKUMENTENREVIEWS (4.6)? Ist jemand für die langfristige Pflege des Wikis zuständig, der die INITIATIVE FÜR FRAGEN DER DOKUMENTATION (4.5) übernimmt?

Wir werden auf diese Fragen eingehen, wenn wir uns mit der konkreten Planung der Dokumentation im Rahmen der allgemeinen Projektplanung beschäftigen. Es sei aber jetzt schon darauf hingewiesen, dass dem *Wiki Gardener* eine besondere Rolle zukommt. Als Verantwortlicher für das Wiki ist es seine Aufgabe, das Wiki zu pflegen und Wildwuchs zu vermeiden. Das bedeutet nicht, dass der Wiki Gardener die alleinige Verantwortung für die Inhalte trägt: dafür ist das Team verantwortlich. Die Rolle des Wiki Gardener stellt aber sicher, dass jemand dafür zuständig ist, das Wiki mit einer initialen Struktur zu versehen, die sich entwickelnde Struktur regelmäßig zu prüfen und bei Bedarf zu reorganisieren. So kann sich das Wiki letztlich zu einer gelungenen DOKUMENTATIONSLANDSCHAFT (7.2) entwickeln.

Zur Nutzung eines Wikis gibt es einige weiterführende Literatur. In seinem Buch *wikipatterns* beschreibt Stewart Mader eine Reihe von Praktiken für den Aufbau, die inhaltliche Entwicklung und die Nutzung eines Wikis und führt dazu mehrere Fallstudien an [Mader 2008]. Hilfreich ist ebenso ein Artikel von Ulrike Parson mit dem Titel *Im Team schreiben: Dokumentation von technischen Schnittstellen mit Wikis*. Sie macht darin Vorschläge für ein kooperatives Vorgehen bei der Nutzung eines Wikis [Parson 2011].

3.3 Bedarfsgerechte Formate

Beim Aufbau der Infrastruktur wollen wir uns auf WENIGE EINFACHE TOOLS (3.1) konzentrieren, von denen eines höchstwahrscheinlich ein WIKI (3.2) sein wird. Damit haben wir schon eine gewisse Vorauswahl getroffen, was unsere Dokumentationsplattform anbetrifft, trotzdem haben wir für die einzelnen Artefakte, die im Dokumentationsprozess entstehen, noch die Auswahl zwischen einer Vielzahl von Formaten. Das ist auch gut, weil wir uns nicht nur davon leiten lassen sollten, wie wir die Erstellung der Dokumentation möglichst einfach gestalten können, sondern auch davon, wie wir ihren Nutzen für die Leser vergrößern können.

Kontext

Wie können wir sicherstellen, dass Dokumente in den Formaten entstehen, die den Lesern maximale Unterstützung bieten?

Problem

Wenn wir ein WIKI (3.2) als primäre Dokumentationsplattform nutzen, hat das natürlich auch Folgen für die Nutzung der Dokumentation. Wiki-Seiten werden typischerweise online gelesen. Das ist auch durchaus sinnvoll, weil es online möglich ist, Links zu folgen und die Suchfunktionen zu nutzen, weswegen sich Informationen in der Regel leicht auffinden lassen.

Analyse

Daneben können wir aber auch traditionelle Dokumente (die mit einem Textverarbeitungssystem erstellt werden) im WIKI (3.2) unterbringen, zumindest als Anhang. Das ist zwar weniger bequem, als Texte direkt im WIKI (3.2) zu verfassen, die Möglichkeit dazu besteht jedoch. Im Unterschied zu Wiki-Seiten lassen sich traditionelle Dokumente gut ausdrucken. Lesern ist also freigestellt, ob sie ein solches Dokument am Bildschirm oder auf Papier lesen.

Damit haben wir bereits zwei verschiedene mögliche Dokumentationsformate: online und Papier. Es gibt aber zumindest noch ein weiteres Format, das für die Dokumentation in Entwicklungsprojekten eine Rolle spielt, und zwar die Codekommentare. Natürlich stellen Codekommentare keine Dokumente im engeren Sinne dar. Sie erlauben es aber, Informationen langfristig zu persistieren und tragen damit zur Dokumentation im Projekt bei.

Angesichts der verschiedenen möglichen Formate müssen wir uns überlegen, welche Formate wir für welche Elemente unserer Dokumentation nutzen möchten.

Lösung **Es ist sinnvoll, bei der Erstellung eines Dokuments genau das Format zu wählen, das den typischen Leser bei der Nutzung des Dokuments am meisten unterstützt, sofern dies mit vertretbarem Aufwand machbar ist.**

Details Verschiedene Formate haben unterschiedliche Vor- und Nachteile sowohl im Hinblick auf den typischen Erstellungsaufwand als auch im Hinblick auf die Nutzung der Dokumente. Tabelle 3–1 gibt einen Überblick.

Tab. 3–1
Vergleich unterschiedlicher Formate

Format	Druckfassungen (z.B. PDF)	Onlinedokumente (z.B. Wiki)	Codekommentare (z.B. JavaDoc)
Erstellung	- hoher Aufwand - relativ schwer aktuell zu halten	- mäßiger Aufwand - relativ leicht aktuell zu halten	- niedriger Aufwand - leicht aktuell zu halten
Nutzung	- bessere Lesbarkeit bei längeren Texten - separat auslieferbar - irgendwann abgeschlossen	- gute Suchfunktionen - Bezug zu anderen Dokumente durch Links - wird laufend überarbeitet	- unmittelbarer Bezug zum Code - gute Suchfunktionen

In agilen Projekten geht der Trend dahin, überwiegend auf Onlinedokumente zu setzen, weil sich klassische Dokumente in der Herstellung als aufwendig erwiesen haben und bei vielen Teammitgliedern die Motivation, klassische Dokumente zu erstellen, eher gering ist.

Dies wirft die Frage auf, ob wir überhaupt noch traditionelle Dokumente benötigen – also solche, die auf Papier ausgedruckt werden? Folgende Fälle sind denkbar:

- Falls ein Dokument ein umfangreiches Konzept beschreibt oder aus anderen Gründen relativ lang ist, werden einige Leser eine gedruckte Fassung der Onlineversion vorziehen, aus demselben Grund, aus dem viele Menschen einen Zeitschriftenartikel lieber auf Papier als online lesen. Solche umfangreichen Dokumente stellen die Ausnahme dar, gerade in agil durchgeführten Entwicklungsprojekten, in denen wir bemüht sind, den Umfang der Dokumentation zu beschränken. Trotzdem kommt es vor, dass eine Druckfassung aus Gründen der Lesbarkeit sinnvoll ist.

- Falls wir ein Dokument an Personen außerhalb des Projekts übergeben wollen, etwa an unsere Kunden, dann müssen wir damit rechnen, dass diese Personen auf unser Projekt-Wiki keinen Zugriff haben. In einer solchen Situation müssen wir also ebenfalls in der Lage sein, eine Druckfassung eines Dokuments bereitzustellen.
- Der Wunsch nach einer Druckfassung ist noch stärker, wenn wir eine Abnahme für ein Dokument benötigen. In diesem Fall müssen wir sicherstellen, dass sich an dem Dokument nach der Abnahme nichts mehr ändert. Im Gegensatz zu einer Wiki-Seite ist auch hier eine Druckfassung angebracht, unabhängig davon, ob sie tatsächlich ausgedruckt wird oder nicht.

In den meisten anderen Fällen sind hingegen Onlinedokumente völlig in Ordnung. Abgesehen davon, dass sie weniger Aufwand in der Erstellung erfordern, bieten sie auch eine größere Bequemlichkeit beim Navigieren und Suchen. Für die projektinterne Nutzung ist Onlinedokumentation häufig das Format der Wahl.

Schließlich bleiben noch die Codekommentare. Generell ist es angebracht, Dinge, die sich unmittelbar auf den Code beziehen, in Form von Kommentaren zu dokumentieren, einfach weil dann eine große Chance besteht, dass bei Änderungen an der Software auch die Kommentare aktualisiert werden. Übermäßig viele Codekommentare sind in der Regel nicht erforderlich: Was selbsterklärend ist, benötigt keinen Kommentar. Trotzdem ist eine vernünftige Schnittstellendokumentation natürlich sinnvoll, und Codekommentare sind ein mögliches Dokumentationsformat, in einem agilen Projekt genau wie in einem traditionell durchgeführten.

Diskussion

Der Wunsch nach einer Druckfassung bedeutet nicht, dass wir zwangsläufig auf die traditionelle Form der Dokumenterstellung mit einem klassischen Textverarbeitungssystem zurückgreifen müssen. In manchen Fällen mag das angemessen sein, in anderen Fällen können wir aber auch Generierungstechniken nutzen, um die gewünschte Druckfassung herzustellen.

Tatsächlich gibt es auch noch andere Fälle, in denen wir verschiedene Fassungen eines Dokuments benötigen und in denen die GENERIERUNG UNTERSCHIEDLICHER FORMATE (3.4) eine sinnvolle Option darstellt. Tabelle 3–2 erhebt keinen Anspruch auf Vollständigkeit, sie zeigt aber bereits, dass es Überschneidungen geben kann.

Tab. 3–2
Beispiele für Dokumente unterschiedlicher Formate

Format	Dokumente zum Ausdruck auf Papier (z.B. PDF)	Onlinedokumente (z.B. Wiki)	Codekommentare (z.B. JavaDoc)
Beispiele für typische Dokumente	▪ Machbarkeitsstudie ▪ Architekturüberblick ▪ Designkonzept ▪ Nutzungskonzept	▪ Projektplan ▪ User Stories/ Use Cases ▪ Architekturüberblick ▪ Designkonzept ▪ Schnittstellenbeschreibung (API) ▪ Nutzungskonzept ▪ Glossar	▪ Schnittstellenbeschreibung (API) ▪ Erklärungen zur Implementierung

Die Tabelle soll nicht suggerieren, dass wir alle genannten Dokumente in jedem Fall benötigen. Sie zeigt aber recht deutlich, dass, wenn wir uns dafür entscheiden, ein Dokument zu schreiben, es passieren kann, dass uns verschiedene Formate gleichermaßen sinnvoll erscheinen. Insbesondere sind der Ausdruck auf Papier und die Onlineverfügbarkeit keine Widersprüche, sondern Formen der Präsentation, die sich gelegentlich sehr gut ergänzen.

3.4 Generierung unterschiedlicher Formate

Kontext — Unser Ziel, gerade auch im Sinne der Ergonomie BEDARFSGERECHTE FORMATE (3.3) bereitzustellen, führt gelegentlich dazu, dass wir ganz unterschiedliche Dokumentenformate unterstützen müssen. Potenziell ist dies mit einem erhöhten Erstellungsaufwand für die Dokumentation verbunden, den wir natürlich gern vermeiden möchten.

Problem — **Wie können wir einen ungebührlich hohen Aufwand bei der Erstellung von Dokumenten in unterschiedlichen Formaten vermeiden?**

Analyse — Es sollte klar sein, dass die doppelte Erstellung eines Dokuments in unterschiedlichen Formaten nicht infrage kommt. Wir wollen den Aufwand für die Dokumentation grundsätzlich in Grenzen halten – wenn wir etwas dokumentieren, dann deshalb, weil wir davon überzeugt sind, dass etwas Wert ist, aufgeschrieben zu werden.

Doppeltes Dokumentieren in verschiedenen Formaten hat aber nichts mehr damit zu tun, wissenswerte Dinge aufzuschreiben. Es hat etwas mit bürokratischen Prozessen und mit Zeitverschwendung zu tun. Wird beispielsweise in einem Projekt überlegt, denselben Inhalt einmal im WIKI (3.2) und dann noch einmal in einem Word-Dokument aufzubereiten, dann ist das alles andere als agil. Eigentlich sollte das selbstverständlich sein, nur gibt es in der Praxis tatsächlich Projekte, in denen ein solches Vorgehen anzutreffen ist.

Ganz abgesehen von dem immensen Aufwand, der mit der doppelten Pflege der Dokumentation verbunden wäre, handelt man sich außerdem ein Konsistenzproblem ein. Früher oder später würden die beiden Dokumente auseinanderlaufen, weil eines aktualisiert und beim anderen die Aktualisierung vergessen wird. Inkonsistenzen in der Dokumentation wären die logische Folge.

Natürlich bietet sich an dieser Stelle die Idee an, Generierungstechniken einzusetzen. Das Ziel ist dabei, aus einer einzelnen Quelle, nämlich dem von uns gepflegten Dokument im Format des Werkzeugs unserer Wahl, automatisch die benötigten Zielformate zu bedienen.

Grundsätzlich ist diese Idee gut. Allerdings müssen wir aufpassen, dass wir uns durch die Nutzung von Generierungstechniken keine komplizierten Mechanismen einhandeln, die unseren Dokumentationsprozess schlecht handhabbar werden lassen. Gerade bei Mechanismen, die nicht in die existierende Infrastruktur integriert sind, besteht diese Gefahr. Ein mühsamer und möglicherweise auch fehleranfälliger Generierungsprozess stände aber im Widerspruch zu dem Wunsch, in unseren Projekten für die Dokumentation WENIGE EINFACHE TOOLS (3.1) einzusetzen.

Durch die Nutzung bereits vorhandener Generierungstechniken lassen sich die benötigten Zielformate häufig auf einfache Art und Weise erzeugen. Idealerweise sind diese Techniken in die existierende Infrastruktur integriert.

Lösung

Dies ist explizit nicht als Aufforderung misszuverstehen, ein Projekt möge spezielle Werkzeuge entwickeln, um dokumentieren zu können. Es gibt aber eine Reihe von Beispielen für Generierungstechniken, die in vielen Projekten ohnehin zur Verfügung stehen und mit denen sich bequem unterschiedliche Zielformate erzeugen lassen:

Details

- Fast alle Wikis sehen die Möglichkeit vor, PDF-Dokumente zu generieren. Die Resultate sind im Hinblick auf die Formatierung nicht immer überwältigend, zum Beispiel was Bilder und Tabellen angeht, aber in der Regel doch zufriedenstellend. Außerdem können wir davon ausgehen, dass im Zuge der Weiterentwicklung der verschiedenen Wikis auch die PDF-Generierung weiter verbessert wird.
- Schon seit vielen Jahren ist JavaDoc als Dokumentationswerkzeug in Java-Projekten bekannt und auch anerkannter Standard. Mithilfe von Annotationen lassen sich Kommentare im Java-Code so kennzeichnen, dass daraus eine vollständige Schnittstellendoku-

mentation generiert werden kann. Das Zielformat ist HTML, weswegen es problemlos möglich ist, von einem Wiki aus auf die generierte Dokumentation zu verweisen.
- Einen ähnlichen, aber etwas allgemeineren Ansatz verfolgt Doxygen (*www.doxygen.org*). Dieses Werkzeug unterstützt unterschiedliche Programmiersprachen und greift ebenfalls auf speziell gekennzeichnete Kommentare zurück, um daraus Dokumentationen in unterschiedlichen Formaten zu generieren.
- Nicht zu ignorieren ist in diesem Zusammenhang auch die Möglichkeit, aus den Zeichnungen, die im Projektalltag am Whiteboard entstehen, elektronische Artefakte zu generieren. Das einfachste Hilfsmittel hierfür ist eine Digitalkamera, wenngleich die Resultate manchmal unbefriedigend sind, was die Lesbarkeit angeht. Immer weitere Verbreitung erfahren aber auch intelligente Whiteboards, bei denen die JPG- oder PDF-Generierung zum Funktionsumfang gehört.

> **Beispiel: Generierung von Druckfassungen aus dem Wiki**
>
> Ein Projekt, das für sämtliche internen Dokumente ein Wiki nutzte, wurde mehrfach mit dem Wunsch konfrontiert, bestimmte Dokumente auch separat zur Verfügung zu stellen. Dies galt zum einen für eine Architekturbeschreibung, an der auch einige Personen außerhalb des Projekts Interesse hatten. Insbesondere bestand der Wunsch aber im Hinblick auf das Betriebshandbuch, einfach aus dem Grund, weil der Betrieb der Software in ein anderes Unternehmen ausgelagert war, von wo aus kein Zugriff auf das Wiki bestand.
>
> Das Team kam sehr schnell zu dem Schluss, die Wiki-Funktion zur PDF-Generierung zu nutzen, um die benötigten Formate zu generieren.
>
> Dabei entstand ein kleines Problem, weil das genutzte Wiki ein PDF-Dokument nur pro Wiki-Seite generieren konnte, die fraglichen Konzepte sich aber über jeweils mehrere Wiki-Seiten erstreckten. Dieses Problem konnte jedoch schnell gelöst werden. Es wurden zwei spezielle Wiki-Seiten angelegt, auf denen die benötigten Inhalte zusammengestellt wurden, wobei der Inklusionsmechanismus genutzt wurde, der im Wiki bereits vorhanden war. Aus diesen speziell dafür angelegten Seiten konnten dann problemlos die gewünschten PDF-Dokumente generiert werden, wie in Abbildung 3–3 veranschaulicht.

All diese Techniken sind natürlich nicht nur in agil durchgeführten Projekten sinnvoll. Sie sind aber speziell in agilen Projekten wichtig, weil sie uns helfen, uns auf das Wesentliche zu konzentrieren, und wir nicht gezwungen sind, unsere Zeit auf lästige Tätigkeiten zu verwenden, die nicht zum Kerngeschäft der Softwareentwicklung gehören, zum Beispiel die Abschrift von Diagrammen oder die doppelte Erstellung von Textbestandteilen.

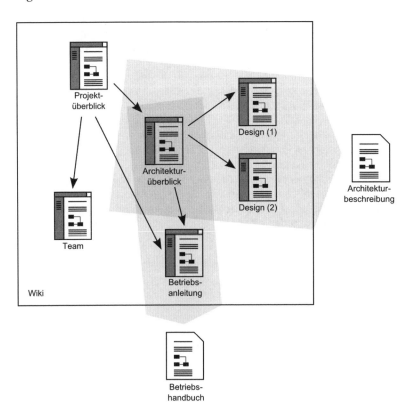

Abb. 3–3
Generierung von
PDF-Dokumenten aus
einem Wiki heraus

Trotzdem sollten wir uns von den Möglichkeiten der Dokumentengenerierung nicht täuschen lassen. Der Nutzen von Generierungstechniken ist darauf beschränkt, verschiedene Sichten auf bestimmte Texte, Bilder und dergleichen zu erzeugen. Die eigentlichen Inhalte hingegen können natürlich nicht generiert werden. Die inhaltliche Arbeit an der Dokumentation bleibt eine der kreativen Aufgaben für das Team.

Diskussion

> **Vorsicht vor überzogenen Erwartungen an die Generierung**
>
> Wenn es darum geht, die Erstellung von Dokumentation zu vereinfachen, werden immer wieder Generierungstechniken ins Gespräch gebracht. Der Wunsch ist verständlich, suggerieren Generierungstechniken doch die Möglichkeit, Dokumentation ohne großen Aufwand herzustellen und automatisch aktuell zu halten.
>
> Allerdings relativiert das Agile Manifest die Bedeutung von Werkzeugen und ordnet sie Personen und ihren Interaktionen unter (siehe Abb. 1–1). Tatsächlich zeigt auch die Erfahrung, dass sich mit Werkzeugen selten Wunder vollbringen lassen und dass die Bedeutung von Werkzeugen für den Projekterfolg gelegentlich überschätzt wird. Trotzdem sind Werkzeuge, und damit auch Generierungstechniken, natürlich willkommen, wenn sie die Erstellung der Dokumentation einfacher und geradliniger machen.
>
> Dennoch ist der kritische Blick auf die Rolle von Generierungstechniken berechtigt: Sichten, Aggregate und Formate mögen sich generieren lassen, Dokumentationsinhalte hingegen nicht. Wenn es also darum geht, existierende Dokumentation noch in einer anderen Form zu präsentieren, mögen Generierungstechniken hilfreich sein. Bei der Anstrengung, Wissen weiterzureichen, helfen sie nicht.
>
> Kern der Dokumentationserstellung ist immer die Frage, welches Wissen schriftlich festgehalten werden soll, sowie die geeignete und prägnante Aufbereitung dieses Wissens. Auf den Inhalt kommt es an. Die Kreativität, die an dieser Stelle gefordert ist, lässt sich nicht durch Generierungstechniken ersetzen.

Zusammenfassung und Ausblick

Mittlerweile haben wir das Fundament für die Dokumentationsinfrastruktur in unserem Projekt gelegt. Welche Schritte stehen als Nächstes an?

- Auf der Basis der skizzierten Infrastruktur sind wir jetzt technisch in der Lage, die Dokumentation für unser Projekt zu erstellen und abzulegen. Damit sind die Voraussetzungen erfüllt, um in die konkrete Planung der Dokumentation einzusteigen. Im nächsten Kapitel werden wir genau das tun.
- Später werden wir schauen, inwieweit sich unsere technische Basis als erfolgreich herausgestellt hat. Das Bemühen um ständige Prozessverbesserung ist eines der Markenzeichen agiler Entwicklung, weswegen wir natürlich auch an einem Feedback im Hinblick auf die Dokumentationsinfrastruktur interessiert sind. In Kapitel 7 werden wir sehen, wie innerhalb des Wikis eine regelrechte DOKUMENTATIONSLANDSCHAFT (7.2) entsteht und wie wir es schaffen, zu einer ANLEITUNG ZUR ERSTELLUNG DER DOKUMENTATION (7.3) beizutragen, von der dann zukünftige Projekte profitieren können. In diesem Zusammenhang werden möglicherweise auch Templates für unsere Dokumentationswerkzeuge eine Rolle spielen. Momentan werden wir uns mit diesen Themen jedoch noch nicht auseinandersetzen. Später kommt dann der Zeitpunkt, aus unserem Projekt für die Zukunft zu lernen, auch was die technische Basis für die Erstellung der Dokumentation anbetrifft.

4 Planung der Dokumentation

Nachdem wir uns in den beiden vorigen Kapiteln mit den grundlegenden Prinzipien agiler Dokumentation beschäftigt haben und uns überlegt haben, wie eine vernünftige Infrastruktur für unsere Dokumentation aussehen kann, möchte ich Sie nun einladen, in die konkrete Planung der Dokumentation in einem agilen Projekt einzusteigen.

Angenommen, wir beginnen ein neues Projekt, das entweder nach einer agilen Methode durchgeführt wird oder in dem zumindest die Dokumentation nach agilen Prinzipien entstehen soll. Wir müssen uns dann Gedanken darüber machen, was wir wie dokumentieren wollen. Unsere Überlegungen müssen in die Projektplanung einfließen. Dieses Kapitel handelt davon, wie das geschehen kann.

Natürlich wird uns das Thema Dokumentation nicht nur zu Beginn des Projekts begegnen. Wahrscheinlich werden wir im Projekt iterativ vorgehen, also in regelmäßigen Zyklen Anforderungen entgegennehmen und umsetzen. Viele agile Methoden tun das, beispielsweise auch Scrum und eXtreme Programming, wobei sie eher kürzere Zyklen von wenigen Wochen empfehlen und von längeren Zyklen über mehrere Monate abraten. Einige agile Verfahren, insbesondere Kanban, haben sich von der Idee des iterativen Vorgehens gelöst und streben stattdessen einen beständigen Fluss bei der Umsetzung von Anforderungen an. Gemeinsames Merkmal aller agiler Verfahren ist aber, dass sie die Projektplanung als einen kontinuierlichen Prozess betrachten.

Planung als kontinuierlicher Prozess

Entsprechend müssen wir auch die Planung der Dokumentation während der Projektlaufzeit kontinuierlich fortführen. Den Praktiken, die in diesem Kapitel beschrieben sind, werden wir daher nicht nur einmal zum Projektstart, sondern während der gesamten Projektlaufzeit immer wieder begegnen.

4.1 Lebendige Anforderungsdokumentation

Kontext Im Projekt werden Anforderungen an uns herangetragen. Dies geschieht zu Beginn des Projekts, wenn initiale Anforderungen formuliert werden, genauso aber auch während des weiteren Projektfortschritts.

Problem **Wie können wir vermeiden, dass große Mengen an Anforderungsspezifikationen entstehen, die entweder überhaupt nicht gelesen werden oder veralten, noch bevor die Software implementiert wird?**

Analyse Traditionelle Projekte haben lange versucht, Anforderungen möglichst frühzeitig im Projekt schriftlich zu fixieren. Mit diesem Ansatz hat es immer wieder viele Probleme gegeben.

Zum einen sind Missverständnisse vorprogrammiert. Es gelingt fast nie, Anforderungen so präzise zu dokumentieren, dass sie anschließend so umgesetzt werden können, wie es der Absicht der Anforderungssteller entspricht. Hier tritt eine große Schwäche schriftlicher Dokumentation zu Tage, nämlich der Mangel an Möglichkeiten, Rückfragen zu stellen und sich zu vergewissern, dass man etwas richtig verstanden hat. Aus diesem Grund fordert das Agile Manifest, dass Fachexperten und Entwickler eng miteinander kooperieren und Anforderungen an die Software mündlich miteinander besprechen [Agile Alliance 2001]. Auch in der Literatur zu agilen Verfahren findet sich dieser Hinweis immer wieder [Wolf/Bleek 2010].

Ein zweites massives Problem besteht darin, dass sich Anforderungen im Laufe eines Projekts oft noch ändern, oft sogar schneller, als man es vielleicht erwartet. Die agile Haltung hierzu ist, sich ändernde Anforderungen, zumindest bis zu einem gewissen Grad, als natürlich zu empfinden. In der Praxis gelingt es einfach nicht, alle Anforderungen von Anfang an richtig zu formulieren. Wenn sich nun mitten im Projekt neue oder veränderte Anforderungen ergeben, kann man zweierlei tun. Man kann sich entweder auf den Standpunkt zurückziehen, dass die neuen Wünsche so nicht abgesprochen waren, und sie ignorieren. Das ist eine ziemlich bürokratische Haltung, die letztlich nicht zielführend ist. Alternativ kann man sich darauf einstellen, dass solche Situationen immer wieder auftreten. Das Letztere ist, was agile Verfahren empfehlen [Wolf/Bleek 2010].

Das bedeutet nicht, dass sich Anforderungen im agilen Kontext zu jedem beliebigen Zeitpunkt beliebig ändern dürften und die Entwickler sich de facto tagtäglich auf neue Anforderungen einzustellen hätten. Wer schon einmal nach Scrum gearbeitet hat, weiß, dass innerhalb der Iterationen, der sogenannten Sprints, die Anforderungen stabil sind. Mit jedem neuen Sprint werden aber auch neue Anforderungen formuliert und priorisiert.

Der gegenüber den traditionellen Methoden veränderte Umgang mit Anforderungen schlägt sich natürlich auch in der Dokumentation nieder. Eine umfangreiche schriftliche Dokumentation der Anforderungen ergibt im agilen Kontext aus den genannten Gründen keinen Sinn. Anforderungen überhaupt nicht schriftlich zu notieren ist aber auch nicht klug. Wenn nicht einmal die Grundzüge dessen notiert werden, was implementiert werden soll, haben es Entwickler schwer, mit ihrer Arbeit zu beginnen: Zu vage ist dann das Wissen darüber, was getan werden soll. Außerdem werden ohne schriftliche Grundlage Dinge zu leicht vergessen, was vermutlich jeder bestätigen kann, der schon einmal in einem Projekt mit komplexen Anforderungen tätig war.

Anforderungsdokumentation ist in dem Maße nötig und wünschenswert, in dem sie den Entwicklern bei der Umsetzung der Anforderungen tatsächlich hilft. Dabei müssen Anforderungen erst zu dem Zeitpunkt beschrieben sein, zu dem mit der Implementierung der gewünschten Funktionalität begonnen wird. Die Anforderungsdokumentation wird im Laufe des Projekts sukzessive weiterentwickelt. *Lösung*

Viele agile Verfahren sehen vor, Anforderungen in Form sogenannter User Stories aufzuschreiben. Das sind in der Regel kurze Texte, die eine fachliche Anforderung aus der Sicht des Anwenders skizzieren und auch beschreiben, welchen Geschäftswert ihre Umsetzung bietet. Sie gehen auf das Konzept der Use Cases zurück, die auch außerhalb der agilen Welt bekannt sind [Cockburn 2001]. *Details*

Um mithilfe von User Stories eine lebendige Anforderungsdokumentation zu erhalten, sind folgende Punkte besonders wichtig.

- Eine User Story muss eine Anforderung zwar beschreiben, aber nicht notwendigerweise bis ins letzte Detail. Häufig betrachtet eine User Story eher die typischen Fälle, spezifiziert aber nicht sämtliche Fehlerfälle oder sonstige Eventualitäten. Das funktioniert gut, weil agile Projekte die Kooperation zwischen Entwicklern und Fachexperten als Voraussetzung für den Projekterfolg erkannt haben. Der Sinn und Zweck einer User Story besteht darin, den Entwicklern eine gute Basis für die Umsetzung zu geben. Trotzdem müssen die Fachexperten für Rückfragen zur Verfügung stehen. Viele Details klären sich dann im persönlichen Gespräch.
- Wichtig im Sinne eines agilen Vorgehens ist es außerdem, mit der Spezifikation von Anforderungen nicht zu früh zu beginnen. Bei Anforderungen, deren Umsetzung noch in der Zukunft liegt, genügt meistens eine vergleichsweise vage Beschreibung. Hingegen sollten

Anforderungen, die unmittelbar vor der Umsetzung stehen, so konkret formuliert sein, dass die Entwickler mit ihrer Arbeit beginnen können.

Schauen wir einmal auf Scrum, um einen beispielhaften Eindruck davon zu gewinnen, wie eine lebendige Anforderungsdokumentation aussehen kann. Bei Scrum bildet die Summe der Anforderungen das sogenannte *Product Backlog*. Dazu wird für einzelne Anforderungen jeweils eine User Story erstellt, die dann entweder auf einer Karteikarte oder in elektronischer Form notiert wird (vgl. Abb. 4–1). Für jede User Story wird außerdem kurz notiert, welche Akzeptanzkriterien erfüllt sein müssen, damit die Story als umgesetzt gelten kann. Entsprechend ihrer Priorität wird die User Story in das (physischen oder elektronische) Product Backlog eingereiht.

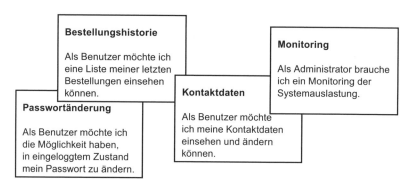

Abb. 4–1
User Stories

> **User Stories auf Karten vs. User Stories in elektronischer Form**
>
> In Scrum-Projekten gibt es gelegentlich eine kontroverse Diskussion über die bevorzugte Technik, User Stories zu notieren.
>
> Viele Scrum-Nutzer präferieren die Nutzung von Karteikarten, auf denen Anforderungen kurz beschrieben werden, in der Regel handschriftlich. Der Raum einer DIN-A6-Karte reicht für eine kurze Beschreibung meistens aus, die Akzeptanzkriterien werden häufig auf der Rückseite notiert. Der Vorteil dieser Technik besteht darin, dass pro Anforderung mit der Karteikarte ein physisches Artefakt entsteht, das man später an ein Taskboard heften oder auf ähnliche Art und Weise sichtbar machen kann.
>
> Natürlich besteht auch die Möglichkeit, User Stories in elektronischer Form zu erfassen, beispielsweise in einem Spreadsheet. Der Vorteil dieser Technik hat den Vorteil, dass eine archivierbare Anforderungsdokumentation entsteht. Schließlich gibt es auch Mischformen, zum Beispiel die Möglichkeit, User Stories elektronisch zu erfassen und dann auf Karteikarten auszudrucken.
>
> Aus Sicht einer agilen Dokumentation sind all diese Techniken legitim, weil jede von ihnen es ermöglicht, eine prägnante Anforderungsdokumentation zu erstellen, ohne umfangreiche Bürokratie und den damit verbundenen Aufwand. Letztlich muss jedes Team entscheiden, welche Technik es bevorzugt.

Das Product Backlog der Anforderungen wird nicht zu Beginn des Projekts einmalig aufgebaut, sondern über die Laufzeit des gesamten Projekts hinweg gepflegt. Sinnvollerweise werden User Stories umso konkreter formuliert, je weiter sie im Backlog nach oben rutschen. Je näher einzelne Aufgaben vor der Umsetzung stehen, umso besser planbar werden sie. Wie Jens Coldewey in seinem Artikel *Vorhersage des Unvorhersehbaren* schreibt, ermöglicht dieses Vorgehen eine langfristige Planung agiler Vorhaben selbst dann, wenn in der Zukunft liegende Anforderungen noch nicht genau formuliert werden können [Coldewey 2011].

Die Formulierung von User Stories und ihre Priorisierung im Product Backlog ist nur eine von verschiedenen Techniken, die Anforderungsdokumentation lebendig zu gestalten, wenngleich diese Technik weit verbreitet ist. So ist sie beispielsweise auch bei eXtreme Programming und bei Kanban zu finden. Eine andere Technik, die sich im Einklang mit den Prinzipien agiler Entwicklung befindet, ist die Spezifikation von Anforderungen in Form von ablauffähigen Akzeptanztests. In seinem Artikel *Agile Akzeptanztests* beschreibt Johannes Link die Vorteile dieses Ansatzes – insbesondere natürlich die Chance, dass die Zeit, die in die Erstellung der Dokumentation der Anforderungen fließt, gleich auch den automatisierten Tests zugutekommt [Link 2009].

Natürlich stellt eine lebendige Anforderungsdokumentation einen Aufbruch gegenüber dem Anforderungsmanagement der klassischen Wasserfallmethoden dar. Auch lässt sie sich nicht in Einklang bringen mit Vorgehensweisen, die von Offshore-Ansätzen her bekannt sind, dass nämlich die Anforderungen aufgeschrieben und dann »über den Zaun geworfen« werden, damit das Entwicklungsteam sie implementiert, ohne mit den Personen, die die Anforderungen stellen, in Kontakt zu stehen. Allerdings sind solche Projekte in der Vergangenheit auch oft genug gescheitert. Zu einer agilen Denkweise passen sie einfach nicht.

Diskussion

Hingegen steht eine lebendige Anforderungsdokumentation nicht notwendigerweise im Widerspruch zu Festpreisprojekten. Natürlich ist es zunächst einmal überraschend, wenn zu Beginn eines Festpreisprojekts der Lieferumfang noch nicht vollständig feststeht. Das Problem lässt sich aber dadurch entschärfen, dass man ein Projekt in mehrere kleinere Projekte zerlegt, die dann zum jeweiligen Startzeitpunkt schon präziser greifbar sind. Eine andere Technik besteht darin, zwar einen Festpreis und ein Projektgesamtziel festzulegen, mit der Entscheidung, wann welche Anforderung umgesetzt wird, aber noch zu warten. Diese Entscheidung kann dann der Kunde während der Projektlaufzeit selbst treffen, beispielsweise durch die geeignete Priorisierung der Anforderungen im Backlog.

Allerdings müssen wir festhalten, dass ein solches Vorgehen ein gewisses Vertrauensverhältnis sowie eine enge Kooperation zwischen Kunde und Anbieter voraussetzt. Ist das Verhältnis zwischen Kunde und Anbieter zerrüttet, werden beide Seiten vermutlich auf einer detaillierten Spezifikation bestehen, wenngleich man große Zweifel daran haben kann, ob ein solches Projekt überhaupt noch zu retten ist. Bei einer vernünftigen Kooperation sieht die Sache anders aus. Der permanente Austausch zwischen Fachexperten und dem Entwicklungsteam macht dann eine angenehm sparsame Dokumentation der Anforderungen möglich.

Erfahrungen mit agiler Anforderungsdokumentation

Aus der Perspektive traditioneller Projekte erscheint die agile Vorgehensweise oft ungewöhnlich. Insbesondere das Fehlen einer vollständigen Spezifikation zu Beginn des Projekts wird gelegentlich als Risiko betrachtet. Kann so etwas gut gehen?

Die Erfahrung zeigt: Es kann. Zunächst einmal schützt auch eine umfassende Spezifikation nicht vor Überraschungen. Der Glaube, ein komplexes Softwaresystem a priori spezifizieren zu können, hat sich in der Praxis allzu oft als Illusion herausgestellt. Viele – insbesondere große – Projekte haben mit einer langen Spezifikationsphase begonnen und sind letztlich doch bei etwas ganz anderem angekommen, als ursprünglich geplant war. Außerdem bedeutet das Fehlen einer vollständigen Spezifikation nicht, dass es keine Vorstellung von den Projektzielen gibt. Auch in einem agilen Projekt sollten die Stakeholder von Beginn an eine Perspektive für das Projekt entwickeln. Es ist aber völlig legitim und natürlich, wenn sich diese Perspektive im Laufe der Zeit weiterentwickelt. Genau das wird von agilen Verfahren anerkannt.

Letztlich ist es ehrlicher, ein Projekt mit einer überzeugenden Perspektive, aber einer unvollständigen Spezifikation zu beginnen, als sich der Illusion hinzugeben, sämtliche Anforderungen von vornherein formulieren zu können. Voraussetzung für den Erfolg des agilen Vorgehens ist aber die enge Kooperation zwischen IT und Fachbereich. Nur wenn der Fachbereich ins Projektgeschehen eingebunden ist (wie es z. B. bei Scrum die Rolle des Product Owner garantiert), ist auch ein agiler Ansatz bei der Dokumentation von Anforderungen erfolgversprechend.

4.2 Einbindung der Kunden

Stellen wir uns für den Moment ein Projekt als eine Blackbox mit einem bestimmten Input und einem bestimmten Output vor. Den Input zu einem Projekt bilden vor allem die Anforderungen. Der Output eines Projekts ist vor allem die entstandene Software, aber auch alle anderen Projektergebnisse. Um den Input des Projekts zu einem gewissen Grad schriftlich festzuhalten, haben wir uns entschlossen, eine LEBENDIGE ANFORDERUNGSDOKUMENTATION (4.1) aufzusetzen. Als Nächstes müssen wir uns überlegen, wie wir den Output unseres Projekts dokumentieren wollen.

Kontext

Wie können wir ermitteln, in welchem Ausmaß und in welcher Form die Ergebnisse unseres Projekts dokumentiert werden müssen?

Problem

An dieser Stelle ist es hilfreich, wenn wir uns wieder die Unterscheidung verschiedener Dokumentationsformen in Erinnerung rufen. Tabelle 4–1 nennt verschiedene Arten der Dokumentation und gibt ein paar typische Beispiele.

Analyse

Produkt-dokumentation	System-dokumentation	Projekt-dokumentation	Prozess-dokumentation
▪ Nutzungshandbuch ▪ Installationshandbuch ▪ Betriebshandbuch ▪ Wartungsanweisungen	▪ Architekturdokumentation ▪ Designdokumentation ▪ Datenmodell ▪ Codekommentare ▪ Glossar	▪ Vorhabensbeschreibung ▪ Anforderungsspezifikation ▪ Projektplan ▪ Statusberichte ▪ Protokolle	▪ Vorgehensmodell ▪ Richtlinien

*Tab. 4–1
Unterschiedliche Dokumentationsformen*

Die Produktdokumentation umfasst sämtliche Dokumente, die das eigentliche Produkt beschreiben – also die im Projekt entwickelte Software. Was ihre konkrete Ausgestaltung angeht, kann die Produktdokumentation natürlich ganz unterschiedliche Formen annehmen. Üblicherweise legt der Kunde fest, welche Produktdokumentation geliefert werden muss.

Demgegenüber liegen die anderen Formen der Dokumentation in der Eigenverantwortung des Projekts. Sie sind sozusagen innerhalb der Blackbox eines Projekts angesiedelt. Das Projekt selbst entscheidet, welche Dokumente erforderlich sind, welche Inhalte sie haben müssen und zu welchem Zeitpunkt sie angefertigt werden müssen.

Der Grundtenor vieler Empfehlungen in der agilen Welt lautet, die Produktdokumentation an den Wünschen der Kunden zu orientieren und sämtliche anderen Arten der Dokumentation auf ein möglichst geringes Maß zu reduzieren. Im Hinblick auf Projekt- und Prozessdokumentation ist dieses Argument leicht nachzuvollziehen. In einem agilen Projekt streben wir eine enge Kooperation innerhalb des Teams an wie auch zwischen Team und Kunden. Das macht schriftliche Notizen nicht überflüssig, allerdings besteht keine Notwendigkeit, das Projekt selbst und die zugrunde liegenden Prozesse ausführlich zu dokumentieren. Nach Abschluss des Projekts wären Planungsdokumente, Statusberichte und dergleichen ohnehin bestenfalls noch von historischem Interesse. Deswegen genügen in der Regel ein paar Einträge im WIKI (3.2), einige informelle E-Mails oder dergleichen, um schriftlich festzuhalten, was besprochen wurde, oder um den aktuellen Status mitzuteilen.

Allerdings gibt es gute Gründe, die für eine vernünftige Systemdokumentation sprechen, die nicht notwendigerweise umfangreich, aber doch aussagekräftig sein sollte. Der Grund hierfür ist, dass nach der Inbetriebnahme einer Software die Entwicklung in der Regel noch nicht abgeschlossen ist. Natürlich findet ein Großteil der Entwicklung im Rahmen des Projekts statt, bevor die Software in großem Umfang genutzt wird. Anschließend gibt es aber eine möglicherweise lange Phase der Wartung und Weiterentwicklung. Abbildung 4–2 verdeutlicht deren Relevanz für eine langfristige Nutzung der Software: Auch nach der Inbetriebnahme der Software geht die Kurve für Softwareentwicklung nicht auf null zurück, und aufgrund der (möglicherweise) langen Lebensdauer der Software kann sich auch nach der Inbetriebnahme noch Entwicklungstätigkeit in erheblichem Umfang ergeben.

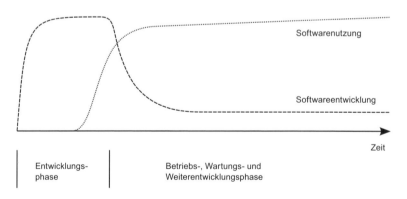

Abb. 4–2
Entwicklung und Betrieb von Softwaresystemen

Viele Kunden übernehmen nach Abschluss eines Projekts die Wartung und Weiterentwicklung der Software in Eigenregie. Die Vorstellung eines Projekts als eine reine Blackbox müssen wir an dieser Stelle etwas revidieren, weil der Kunde jetzt nicht nur der Nutzer der Software ist, sondern auch eine Innensicht auf die Software einnehmen muss.

Das hat natürlich auch Auswirkungen auf die Dokumentation. Betriebs- und Nutzungshandbücher allein sind in einer solchen Situation nicht mehr ausreichend. Wenn wir den Kunden in die Lage versetzen wollen, die Software weiterzuentwickeln, müssen wir auch eine Systemdokumentation bereitstellen, die diese Weiterentwicklung unterstützt. Architekturdokumentation, Designskizzen und Codekommentare sind damit auch für den Kunden von Bedeutung.

Es ist sinnvoll, mit dem Kunden eine aktive Diskussion über den Inhalt und den Umfang all der Dokumente zu führen, die später primär vom Kunden genutzt werden. Ein agiles Team wird dabei versuchen, den Kunden von den Vorteilen einer prägnanten, aber eben nicht ausufernden Dokumentation zu überzeugen. *Lösung*

Wie so oft läuft auch an diesem Punkt die agile Haltung darauf hinaus, Fragen zu stellen, Argumente anzuhören, Erfahrungen in die Diskussion einfließen zu lassen und nach einer vernünftigen Lösung zu suchen: *Details*

- Weil die Produktdokumentation vom Kunden in Auftrag gegeben wird, muss der Kunde auch definieren, welche Dokumentation nötig ist (und er zu bezahlen gewillt ist). Unsere Aufgabe als agiles Team besteht darin, dem Kunden zu demonstrieren, dass eine leichtgewichtige Dokumentation von Vorteil sein kann. Beispielsweise empfiehlt Uwe Friedrichsen, die Stakeholder beim Kunden anzusprechen und dabei die Fragen zu identifizieren, die typischerweise während der Betriebs- und Wartungsphase der Software auftreten und für deren Beantwortung Dokumentation vorhanden sein muss [Friedrichsen 2011]. Durch die Strategie des aktiven Nachfragens lässt sich der Umfang der Produktdokumentation in vielen Fällen reduzieren. Das ist legitim und durchaus auch im Interesse des Kunden, der dadurch unnötige Ausgaben für unnötige Papierberge vermeidet.
- Die Systemdokumentation liegt in unserer eigenen Verantwortung. Ihre Gestaltung fließt aber in die Qualität unserer Arbeit ein, die nur dann einwandfrei ist, wenn wir auch die Voraussetzungen dafür schaffen, dass die Software in Zukunft weiterentwickelt werden kann. Letztlich muss das Team die Entscheidung treffen, was nötig ist und was nicht. Dabei ist es aber sinnvoll, die Erwartungshaltung des Kunden in Erfahrung zu bringen und geeignet darauf einzugehen.

Alle Dokumente, die wir erstellen, profitieren von einer Reduktion auf das Notwendige. Welche Richtlinien wir anlegen können, wissen wir bereits: Die Qualität der Dokumentation gewinnt durch eine ORIEN-

TIERUNG AM LESERKREIS (2.1) und wir können unnötigen Ballast vermeiden, indem wir uns auf die DOKUMENTATION LANGFRISTIG RELEVANTEN WISSENS (2.2) konzentrieren.

Blicken wir abschließend wieder auf Scrum, um uns zu verdeutlichen, wie die Einbeziehung der Kunden in die Ermittlung der Anforderungen an die Dokumentation konkret aussehen kann. Für die Formulierungen der fachlichen Anforderungen an die Produktdokumentation ist bei Scrum der Product Owner zuständig. Zum Beispiel weiß der Product Owner, wie die Nutzer später mit der Software umgehen wollen, und kann daraus Anforderungen an ein Nutzungshandbuch ableiten. Die Anforderungen an ein Betriebshandbuch wird der Product Owner vermutlich nicht selbst formulieren, weil sie doch eher technischer Natur sind, er kennt aber die Personen, die das tun können, und kann die Anforderungen entsprechend weiterleiten.

Anforderungen an die Systemdokumentation werden hingegen nicht vom Product Owner gestellt. Scrum deckt solche Anforderungen durch die sogenannte »Definition of Done« ab, die festlegt, wann eine Aufgabe als erledigt betrachtet werden kann. Die »Definition of Done« formuliert dazu eine Reihe von Qualitätskriterien, beispielsweise ausreichende Tests, ausreichende Reviews und eben auch ausreichende Dokumentation. Ein Scrum-Team muss sich jeweils für ein Projekt auf eine passende »Definition of Done« einigen. Dies schließt die Überlegung ein, welche Elemente der Systemdokumentation erforderlich sind, um die Wartbarkeit und Erweiterbarkeit der Software sicherzustellen.

Diskussion Welche Dokumentation konkret erforderlich ist, hängt vom jeweiligen Projekt ab. Der Notwendigkeit einer individuellen Planung tragen wir insbesondere dadurch Rechnung, dass wir die Kunden in diese Planung einbeziehen.

Um zu einer individuellen Planung unter Berücksichtigung der Kundenwünsche zu kommen, ist es oft hilfreich, sich auf die Erfahrung aus früheren Projekten abzustützen. Viele Organisationen verfügen daher über eine ANLEITUNG ZUR ERSTELLUNG DER DOKUMENTATION (7.3).

Eine solche Anleitung ist dann sinnvoll, wenn sie tatsächliche Erfahrungen mit der Dokumentation weitergibt (und nicht bürokratische Vorgaben zur Dokumentationserstellung macht). Hilfreich sind oft Checklisten mit Punkten, die man bei der Erstellung der Dokumentation berücksichtigen sollte. Eine gute Anleitung wird dabei immer auch den Kundennutzen im Blick behalten und darauf hinweisen, dass Dokumente nur dann notwendig sind, wenn damit ein direkter oder indirekter Mehrwert für den Kunden verbunden ist.

Durch die Einbeziehung der Kunden gelingt es uns, sinnvolle Anforderungen an die Dokumentation zu erarbeiten. Der nächste Schritt besteht darin, die Erstellung der notwendigen Dokumente in die konkrete Projektplanung einzubeziehen. Damit das auch funktioniert, müssen wir uns um PLANUNGSTRANSPARENZ (4.3) bemühen.

4.3 Planungstransparenz

Im Projekt befinden wir uns immer wieder in der Situation, dass wir die nächsten Schritte planen müssen. Selbst in traditionellen Projekten ist eine regelmäßige Planung gängige Praxis. In agil durchgeführten Projekten gehört sie regelrecht zum methodischen Repertoire, wie etwa die regelmäßige Sprint-Planung in Scrum-Projekten. *Kontext*

Wie können wir vermeiden, dass die Erstellung der notwendigen Dokumentation letztlich »vergessen« wird? *Problem*

Die allgemeine Projekterfahrung zeigt, dass Dokumentation tatsächlich gern einmal unter den Tisch fällt. Die meisten von uns können sich vermutlich an Situationen gegen Ende eines Projekts erinnern, in denen plötzlich festgestellt wurde, dass die Dokumentation noch lange nicht in einem befriedigenden Zustand war, obwohl die Notwendigkeit dafür sicherlich keine Überraschung sein konnte. *Analyse*

Wir haben bereits Mechanismen zur Verfügung, um zumindest die Anforderungen an die Dokumentation im Gedächtnis zu behalten. Dokumente, die vom Kunden explizit angefordert werden, können wir in unsere LEBENDIGE ANFORDERUNGSDOKUMENTATION (4.1) aufnehmen. Bei der Abarbeitung der Anforderungen im Backlog kommen diese Dokumente dann zwangsläufig irgendwann an die Reihe. Solange sie nicht erstellt sind, erhalten wir keine Abnahme für das Projekt, weil noch Ergebnisse fehlen. Darüber hinaus können wir die Erstellung der notwendigen Systemdokumentation in unser Verständnis von Qualität einfließen lassen.

Das allein genügt aber nicht. Oft scheitert die Erstellung von Dokumentation daran, dass der dafür erforderliche Aufwand nicht eingeplant wurde oder dass schlichtweg niemand im Team die Zeit dafür hat. Wenn man den Aufwand für bestimmte Dinge ignoriert, darf man sich nicht wundern, wenn diese Dinge einfach liegen bleiben. Es ist also dringend geboten, sich Klarheit über die erforderlichen Ressourcen zur Erstellung der Dokumentation zu machen, die wir (oder gegebenenfalls der Kunde) als sinnvoll ansehen.

Die Projektplanung gewinnt an Transparenz, wenn die Erstellung von Dokumenten darin als Arbeitspaket einfließt wie andere Projekttätig- *Lösung*

keiten auch. Damit können für Dokumentationsaufgaben Ressourcen eingeplant und Deadlines definiert werden.

Details Wie kann eine solche Planung der Dokumentationsaufgaben konkret aussehen? Das hängt natürlich davon ab, nach welchem Verfahren wir bei unserer Projektplanung vorgehen. Wie auch immer diese im Detail aussieht, die folgenden Aspekte sollten in jedem Fall berücksichtigt werden.

- Welche Voraussetzungen müssen erfüllt sein, damit eine Dokumentationsaufgabe umgesetzt werden kann?
- Welcher Aufwand ist für die Dokumentationsaufgabe erforderlich bzw. gerechtfertigt?
- Gibt es jemanden im Team, der die Aufgabe übernehmen kann?
- Welche Priorität hat die Dokumentationsaufgabe im Vergleich zu anderen anstehenden Aufgaben?
- Bis wann soll die Aufgabe abgeschlossen sein?

Dabei ist es wichtig zu verstehen, dass die Planung der Dokumentation nicht etwas ist, das einmalig zu Beginn des Projekts durchgeführt wird. Agile Projekte sind durch ein iteratives Vorgehen geprägt, weswegen die Planung der anstehenden Aufgaben immer wieder stattfindet, typischerweise in Zyklen von wenigen Wochen. Entsprechend müssen auch Dokumentationsaufgaben immer wieder in die Planung des anstehenden Projektabschnitts einfließen.

Schauen wir für ein Beispiel wieder auf Scrum. Zu Beginn jedes Sprints wird hier eine Projektplanung (die sog. Sprint-Planung) durchgeführt, deren Ergebnis den Fahrplan für die nächsten Wochen darstellt. Dazu werden die User Stories genommen, die im Product Backlog am höchsten priorisiert sind, und in einzelne Aufgaben, die sog. Tasks zerlegt. Für sämtliche Tasks schätzt das Team den Aufwand. In der Summe ergibt sich aus dieser Kalkulation, welche User Stories im Laufe des Sprints umgesetzt werden können. Diese Stories bilden dann das *Sprint Backlog* und werden auf dem Taskboard angebracht. Abbildung 4–3 zeigt ein solches Taskboard (allerdings eines mit vier Spalten – die Spalte »im Test« ist in der reinen Lehre von Scrum gar nicht vorgesehen, wenngleich sie in vielen Scrum-Projekten gängige Praxis ist).

Scrum trifft keine Aussage darüber, in welcher Form genau Dokumentationsaufgaben definiert werden sollen. Eine Möglichkeit, Scrum auf die Erstellung der Dokumentation anzuwenden, ist folgende:

- Wir definieren keine speziellen Tasks für die Dokumentation, die unmittelbar im Rahmen der Programmierung anfällt, also im Wesentlichen die Codekommentare. Stattdessen legt die »Defini-

tion of Done« fest, dass zu einer abgeschlossenen Programmieraufgabe neben den Tests auch eine ausreichende Kommentierung gehört, beispielsweise JavaDoc-Kommentare für die Schnittstellen der beteiligten Klassen.
- Für Dokumentationsaufgaben, die etwas losgelöst sind von der Programmierung, die aber trotzdem noch einer einzelnen User Story zugeordnet werden können, definieren wir entsprechende Tasks. Dieser Fall wird nur selten eintreten – viele User Stories kommen ohne explizite Dokumentation aus, die über reine Codekommentare hinausgeht. Wenn aber die Notwendigkeit besteht, wird der Aufwand dafür explizit geschätzt und die entsprechenden Aufgaben erscheinen auch explizit am Taskboard.
- Für Dokumentationsaufgaben, die User-Story-übergreifend sind, definieren wir eigene Stories. Diese Stories zur Dokumentation führen wir in einem speziellen Backlog, um zu verhindern, dass sie mit den fachlichen User Stories vermischt werden. Die Aufwandsschätzung für dokumentationsspezifische Stories und deren Einbezug in die Sprint-Planung erfolgt allerdings wie die für andere User Stories auch. Folgerichtig findet sich die Erstellung der Dokumente letztlich auch am Taskboard wieder.

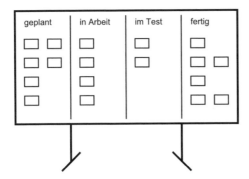

Abb. 4–3
Taskboard

Die so gewonnene Transparenz hilft uns, in dem Sinne geradlinig zu planen, dass in die verschiedenen Aufgaben genau der Aufwand investiert wird, der uns dafür sinnvoll erscheint. Die Transparenz hilft uns letztlich auch, die Dinge zu tun, die wir langfristig als wichtig erachten, und nicht nur immer das, was im Eifer des Gefechts gerade als dringend angesehen wird. Das gilt ganz allgemein – nicht nur im Hinblick auf Dokumentation. Für die Dokumentation ist dieses Argument aber besonders wichtig, weil ihre Erstellung zwar in manchen Fällen wichtig, aber nur selten dringend ist.

> **Spezielle Stories für Dokumentationsaufgaben?**
>
> In Scrum-Projekten kommt immer wieder die Frage auf, inwieweit es legitim ist, eigenständige User Stories für die Dokumentation zu definieren. Nach der reinen Lehre ist dies eher nicht vorgesehen, weil User Stories fachlich motiviert sein sollen. Bei einem Nutzungs- oder Betriebshandbuch (oder anderen Bestandteilen der Produktdokumentation, die der Product Owner einfordert) mag das noch der Fall sein. Hingegen ist die Motivation für die Systemdokumentation, also für Designkonzepte und dergleichen, eindeutig nicht fachlicher, sondern technischer Natur.
>
> Aus praktischer Sicht stellt sich die Sache bisweilen anders dar. Es gibt gelegentlich den Bedarf für Aufgaben, die eher technisch motiviert als durch fachliche Anforderungen begründet sind. Ein größeres Refactoring mag in diese Kategorie fallen und eben auch die Erstellung der Systemdokumentation.
>
> Man kann argumentieren, dass die »Definition of Done« solche Dinge bereits abdecken sollte. Das würde aber bedeuten, dass sämtliche derartigen Aufgaben jeweils einer einzelnen User Story zugeordnet werden müssten (weil die »Definition of Done« jeweils auf eine User Story angewendet wird). De facto ist das aber nicht immer gegeben – manche Dinge sind User-Story-übergreifend. In einem solchen Fall erscheint die Aufnahme »interner Stories« gerechtfertigt, beispielsweise eine Story zur Erstellung eines Architekturdokuments.
>
> Diese Praxis ist unter den Anhängern von Scrum umstritten, weil die Gefahr besteht, dass die Verantwortung für die Pflege des Backlogs durcheinander gerät. Für die Definition der fachlich motivierten Stories ist der Product Owner zuständig, für »interne« Stories (und eben auch die Systemdokumentation) immer das Team. Aus diesem Grund ist es empfehlenswert, den Fokus des Product Backlog auf fachliche Stories beizubehalten und für technische Themen, Systemdokumentation und dergleichen ein getrenntes Backlog einzuführen, in dem das Team Einträge machen und priorisieren kann.
>
> Letztlich muss jedes Projekt für sich herausfinden, ob dies ein gangbarer Weg ist. Wie immer gilt auch hier das Prinzip des Agilen Manifests: Menschen und Interaktionen sind wichtiger als Prozesse und Werkzeuge, und letztlich ist auch Scrum nicht mehr als ein (wenn auch wohlüberlegter) Prozess. Anpassungen sind also legitim, wenn sie dem Team helfen und begründbar sind.

Diskussion   Wir haben gesehen, wie wir die Planung der Dokumentationsaufgaben in die generelle Projektplanung einbeziehen können. Allerdings ist die Frage noch offen, wann im Laufe eines Projekts welche Dokumentationsaufgaben angegangen werden sollten.

Welcher Aufwand ist für Dokumentation gerechtfertigt?

In Diskussionen wird immer wieder die Frage aufgeworfen, welcher Aufwand für die Dokumentation in einem Entwicklungsprojekt gerechtfertigt ist. Dabei ist der Begriff *Aufwand* durchaus in einem wirtschaftlichen Sinne zu verstehen – die entsprechenden Fragen zielen immer wieder darauf ab, herauszufinden, wie viele Personentage bzw. welches Budget für die Erstellung der Dokumentation eingeplant werden muss.

Eine allgemeingültige Antwort auf diese Frage gibt es nicht. Dafür gibt es mehrere Gründe.

Zum einen unterscheiden sich Projekte sehr stark. Kleinere Projekte mit nur geringer Teamstärke kommen oft mit weniger Dokumentation aus, größere (und auch kritischere) Projekte benötigen eher mehr (wenn auch nicht unbedingt viel) Dokumentation. Projekte unterscheiden sich zu sehr, als dass eine allgemeingültige Aussage getroffen werden könnte.

Zum anderen ist der Aufwand, der in die Dokumentation fließt, kaum von dem Aufwand für die Konzeption zu trennen. Wenn jemand beispielsweise ein Designkonzept erstellt, welcher Anteil des Aufwands muss dann der Dokumentation zugeschlagen werden und welcher dem Design?

So verständlich die Frage nach einer Quantifizierung des Aufwands sein mag, eine einfache Antwort darauf lässt sich nicht geben. Allerdings ist dies auch nicht wirklich tragisch. Agile Verfahren sehen vor, dass anstehende Aufgaben (beispielsweise User Stories) regelmäßig priorisiert werden. Als Nächstes umgesetzt werden immer diejenigen, die die höchste Priorität haben. Dabei wird typischerweise ein Timeboxing-Verfahren zugrunde gelegt [Oestereich/Weiss 2007]. Dadurch, dass wir die Dokumentation in diese Planung einbeziehen, gelingt es uns, genau so viel Aufwand darin zu investieren, wie gerechtfertigt erscheint, gerade auch in Relation zu anderen anstehenden Aufgaben im Projekt.

Für Dokumente oder Teile von Dokumenten, die eng an ganz bestimmte Softwarefragmente gebunden sind, ist diese Frage noch vergleichsweise leicht zu beantworten: Idealerweise gehen Softwareentwicklung und Dokumentation Hand in Hand. Beispielsweise ist es gute Praxis, JavaDoc-Kommentare im Rahmen der Entwicklung der jeweiligen Klassen durchzuführen oder eine Wiki-Seite für eine Serviceklasse anzulegen, sobald der Service implementiert ist.

Für übergreifende Dokumentationsthemen sieht die Sache schwieriger aus. Architekturdokumente, übergreifende Konzepte, Nutzungs- und Betriebshandbücher: All das sind keine Dokumente, die sich einzelnen Softwarebausteinen zuordnen lassen. Einen erfolgversprechenden Ansatz stellt hier die INKREMENTELLE DOKUMENTATION (4.4) dar, die sich an den größeren Releasezyklen der Software orientiert.

4.4 Inkrementelle Dokumentation

Kontext — Um die PLANUNGSTRANSPARENZ (4.3) in unserem Projekt zu erhöhen, haben wir beschlossen, die Planung der Dokumentationsaufgaben in die allgemeine Projektplanung aufzunehmen. In Scrum-Projekten drückt sich dies in User Stories und Tasks aus, andere Methoden haben andere (teils ähnliche) Verfahren dafür. Allerdings stellt sich jetzt die Frage nach dem richtigen Zeitpunkt, um Dokumentationsaufgaben in Angriff zu nehmen.

Problem — **Wie können wir vermeiden, dass Dokumente entstehen, die kurz darauf schon wieder veraltet sind, und gleichzeitig sicherstellen, dass wir mit der Dokumentationserstellung nicht ins Hintertreffen geraten?**

Analyse — Während der Projektlaufzeit sind viele Inhalte und Konzepte im Fluss. Das ist ein ganz natürlicher Prozess, der von den agilen Verfahren auch explizit so gewünscht ist, eben weil diese Verfahren nicht den Versuch machen, ein Projekt von vornherein vollständig zu planen.

Es handelt sich hierbei aber nicht nur um ein iteratives, sondern auch um ein inkrementelles Vorgehen. Abbildung 4–4 verdeutlicht dies am Beispiel von Scrum. Ganz ähnliche Abbildungen findet man in vielen Büchern über Scrum, so zum Beispiel in [Pichler 2007] und [Wolf/Bleek 2010]. Mit jeder Iteration, also jedem Sprint, wird hier ein neues Inkrement der Software fertiggestellt, abgenommen und ausgeliefert. So können manche Teile der Software schon vergleichsweise früh genutzt werden.

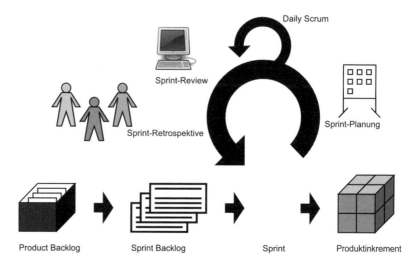

Abb. 4–4
Inkrementelle
Entwicklung

Ein inkrementelles Vorgehen hat zwei Vorteile. Zum einen ist eine frühe Auslieferung an sich begrüßenswert, weil der Kunde von Teilen der Software früher profitieren kann. Zum anderen bekommt man so die Chance auf frühes Feedback vom Kunden und kann bei Bedarf in der Entwicklung frühzeitig Kurskorrekturen vornehmen.

Dieses Vorgehen hat natürlich auch Auswirkungen auf die Dokumentation. Diejenige Dokumentation, die schon früh innerhalb des Projektverlaufs entsteht, muss, damit sie nicht hoffnungslos veraltet, immer wieder aktualisiert werden. Dies ist natürlich mit Aufwand verbunden, manchmal sogar mit erheblichem Aufwand, je nachdem, wie viel Dokumentation benötigt wird und wie häufig aktualisiert werden muss. Andererseits wird manche Dokumentation typischerweise erst nach Ende des Projekts benötigt, nämlich bei der Wartung und Weiterentwicklung. Aus diesem Grund empfehlen viele Verfechter agiler Verfahren, mit der Erstellung der Dokumentation möglichst lange zu warten. Gegen Ende des Projekts sind die Designentscheidungen getroffen und die Implementierung ist abgeschlossen: Dokumentation, die dann erst entsteht, muss nicht mehr so oft aktualisiert werden. Empfehlungen, eher spät zu dokumentieren, finden sich zum Beispiel in den Büchern von Alistair Cockburn [Cockburn 2002] und Scott Ambler [Ambler 2002].

Dieses Vorgehen birgt allerdings die Gefahr, dass heimlich, still und leise die Dokumentation doch wieder auf die lange Bank geschoben wird. Ein solches Vorgehen würde dem agilen Wunsch des »getting things done« widersprechen – also dem Wunsch, Aufgaben zu erledigen und so bald wie möglich auch abzuschließen.

Ein weiterer Effekt kommt hinzu. Wenn es uns gelingt, ähnlich wie bei der Praxis der inkrementellen Entwicklung auch Teile der Dokumentation bereits zu einem früheren Zeitpunkt als dem Projektende abzuschließen, können wir aus den Erfahrungen lernen. Das gilt gleichermaßen für die Erfahrungen, die wir selbst bei der Erstellung der Dokumentation sammeln, als auch für die Erfahrungen, die möglicherweise schon erste Leser damit machen. Ein solcher Lerneffekt ist im Sinne der agilen Entwicklung natürlich erwünscht, weil das entsprechende Feedback uns hilft, besser zu werden bei dem, was wir tun, in diesem Fall der Erstellung von Dokumentation. Derartige Feedbackzyklen sind ein Markenzeichen agiler Entwicklung.

Es ist sinnvoll, konzeptionelle Dokumente inkrementell zu erstellen. Mit jedem Update können Inhalte ergänzt oder aktualisiert werden. Idealerweise sind dabei die Zeiträume für einzelne Iterationen aber länger als bei der Softwareentwicklung. *Lösung*

Abb. 4–5
Inkrementelle Dokumentation

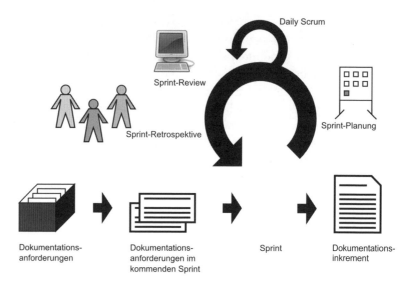

Details

Mit konzeptionellen Dokumenten sind nicht etwa erklärende Hinweise gemeint, die sich auf konkrete Codebausteine beziehen. Für solche Hinweise bieten sich Codekommentare oder Einträge auf einer Wiki-Seite an, die problemlos im Zuge der User Story (ggf. als eigenständiger Task) miterledigt werden können, bei deren Abarbeitung die entsprechenden Software entsteht.

Gemeint sind stattdessen eigenständige Elemente der Produkt- und Systemdokumentation von allgemeiner Bedeutung, wie etwa Architekturbeschreibung, Designkonzepte, Nutzungs- und Betriebshandbücher. Im Sinne der PLANUNGSTRANSPARENZ (4.3) sind uns diese Dokumente in der Regel eigene User Stories wert. Diese Dokumente inkrementell zu erstellen bedeutet konkret Folgendes:

- Die Dokumente werden nicht einmalig geschrieben, sondern im Laufe des Projekts sukzessive weiterentwickelt. Abbildung 4–5 verdeutlicht das inkrementelle Vorgehen in Analogie zur inkrementellen Entwicklung.
- Insbesondere werden passend zur bislang entwickelten Software auch immer wieder neue Kapitel zur Dokumentation hinzugefügt.
- Bei Bedarf werden auch bestehende Kapitel aktualisiert.

Dabei ist es vernünftig, wenn die Frequenz der Inkremente bei der Dokumentation niedriger ist als die der Softwareentwicklung. In agil durchgeführten Projekten liegt die Frequenz für die Erstellung von Softwareinkrementen typischerweise im Bereich von Wochen. Bei der Dokumentation können durchaus mehrere Monate sinnvoll sein:

- Der etwas längere Zeitraum ermöglicht es uns, Dokumente erst dann zu schreiben, wenn die zugrunde liegenden Konzepte bereits ein Stück weit entwickelt und vielleicht sogar schon in einen »eingeschwungenen Zustand« übergegangen sind. Solange ein Konzept im Team noch heftig diskutiert wird, ist es für die Dokumentation vermutlich noch zu früh. Wenn sich die Lage stabilisiert, ist es sinnvoll, über die Dokumentation nachzudenken.
- Dokumente, an denen in kurzer Zeit viele Personen viele Änderungen machen, erscheinen oft als Flickwerk. Nur gelegentliche, dafür aber etwas umfangreichere Änderungen vermeiden dieses Problem und lassen eher Dokumente aus einem Guss entstehen.
- Im Hinblick auf Nutzungshandbücher, Onlinehilfen und dergleichen müssen wir darauf achten, dass die Dokumentation mit der ausgelieferten Software Schritt hält. Eine niedrigere Frequenz ist hier nur angebracht, solange kein Mismatch zwischen Software und Nutzungsdokumentation entsteht.

Abbildung 4–6 verdeutlicht die Möglichkeit unterschiedlicher Frequenzen für die Auslieferung von Software (beispielsweise bei Scrum) und Dokumentation. Die Intervalle, in denen Inkremente der Dokumentation ausgeliefert werden, bewegen sich hier in der Größenordnung von drei bis vier Sprints. Das ist realistisch, wenngleich auch kürzere oder längere Intervalle denkbar sind. Ebenfalls realistisch ist, dass die Intervalle für Dokumentationsinkremente nicht alle gleich lang sind (hier beispielsweise mal drei, mal vier Sprints). Der Grund hierfür liegt darin, dass sich die Meilensteine für die Auslieferung der Dokumentation eher am Reifegrad der Inkremente orientieren als an von vornherein festgelegten Zeiträumen.

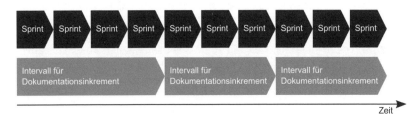

Abb. 4–6
Größere Granularität bei den Inkrementen der Dokumentation

Angesichts der niedrigen Frequenz bei der Aktualisierung der konzeptionellen Dokumentation im Vergleich zur Auslieferung der Software müssen wir natürlich aufpassen, dass wir die Erstellung dieser Dokumentation nicht doch immer wieder verzögern. Um diesem Problem zu begegnen, ist es hilfreich, sich an den größeren Meilensteinen zu orientieren, die die Softwareentwicklung im Laufe eines Projekts erreicht. Wird ein solcher Meilenstein erreicht, beispielsweise die Fertigstellung einer wichtigen Komponente, der Abschluss eines größeren Release oder auch eine Veränderung im Team, dann ist es fast immer auch Zeit für eine Aktualisierung der konzeptionellen Dokumentation.

> **Beispiel: Inkrementelle Erstellung der Architekturdokumentation**
>
> Ein Scrum-Team, das mit der Entwicklung eines Onlineshops beschäftigt war, hatte sich nach langer, intensiv geführter Diskussion dazu entschieden, ein separates Backlog für die Systemdokumentation einzuführen.
>
> Um dem Prinzip der inkrementellen Erstellung der Dokumentation Rechnung zu tragen, forderten typische Stories in diesem Backlog nicht etwa die Existenz eines Architekturüberblicks, sondern listeten auf, welche Themen der Architekturüberblick enthalten sollte, in etwa nach folgendem Schema:
>
> Als Entwickler möchte ich, dass
>
> - der Architekturüberblick alle Systemkomponenten kurz vorstellt und beschreibt,
> - der Architekturüberblick die Performance-Anforderungen nennt und beschreibt, wie die Hardware skaliert werden kann, um diese Anforderungen zu erfüllen,
> - der Architekturüberblick das Datenschutzkonzept erläutert,
> - der Architekturüberblick Fragen der Ausfallsicherheit, insbesondere im Zusammenhang mit Bezahltransaktionen, behandelt.
>
> Wann immer eines der angesprochenen Konzepte einigermaßen klar war, konnte die Story für die entsprechende Dokumentation abgearbeitet werden. Sollten sich die Konzepte ändern, wurde eine neue Story zur Aktualisierung der Dokumentation aufgenommen.
>
> Im Grunde hat dieses Vorgehen gut funktioniert. Das Team war zufrieden damit, den Overhead zu vermeiden, der durch eine Aktualisierung der Dokumentation in jedem einzelnen Sprint entstanden wäre.
>
> Allerdings bestätigte sich auch in diesem Projekt, wie wichtig es ist, dass das Team die Verantwortung für das selbstverwaltete Backlog der Dokumentation auch wahrnimmt. Im Fall eines größeren Meilensteins geschah dies nicht, und wenngleich die fachlichen Anforderungen zum geplanten Zeitpunkt umgesetzt waren, so waren doch Teile der Systemdokumentation nicht auf dem aktuellen Stand. Dieses Problem trat später bei größeren Meilensteinen nicht mehr auf, weil das Team gelernt hatte, den Abschluss auch der vorgesehenen dokumentationsspezifischen Stories als Voraussetzung für das Erreichen dieser Meilensteine zu betrachten.

Was die Systemdokumentation anbetrifft, kann man diesen Ansatz zusammenfassend auf die folgende, einfache Formel bringen: Die Systemdokumentation sollte so spät wie möglich entstehen, aber nicht später. Diese Formulierung mag etwas lakonisch klingen, dennoch beschreibt sie ein sinnvolles Prinzip. Es ist vernünftig, mit der Dokumentation von Konzepten zu warten, bis diese kein »moving target« mehr sind, aber nicht so lange, bis sich das Team längst schon anderen Themen widmet als denen, die noch dokumentiert werden müssen.

Unabhängig davon, ob ein Projekt sich entscheidet, ein spezielles Backlog für die Dokumentation zu führen, oder ob es andere Mechanismen wählt, um die anstehenden Dokumentationsaufgaben zu planen, liegt die Verantwortung für die Systemdokumentation immer beim Team. Insbesondere liegt sie nicht beim fachlichen Anforderer, also im Beispiel Scrum beim Product Owner. Um diese Verantwortung wahrnehmen zu können, ist es oft hilfreich, eine Person aus dem Team zu bestimmen, die auf solche Themen achtet. Dadurch, dass jemand die INITIATIVE FÜR FRAGEN DER DOKUMENTATION (4.5) übernimmt, ist sichergestellt, dass wichtige Dokumentationsthemen nicht vergessen werden.

Diskussion

Um vom Prinzip des iterativen und inkrementellen Vorgehens auch bei der Dokumentation zu profitieren, ist es wichtig, auch die frühen Versionen der konzeptionellen Dokumente bereits den potenziellen Lesern zur Verfügung zu stellen. Dies gilt für Elemente der Produktdokumentation genauso wie für Elemente der Systemdokumentation. DOKUMENTENREVIEWS (4.6) sind ein guter Weg, das zu tun. Wenn der Kunde beim Lesen der ersten Fassung eines Nutzungshandbuchs über einzelne Passagen stolpert, steigert das die Chance, in der nächsten Iteration ein besseres Handbuch zu produzieren. Wenn ein Kollege aus dem Entwicklungsteam Schwierigkeiten beim Verständnis eines Designdokuments hat, dann bietet diese Erkenntnis die Chance, das Dokument jetzt so zu verbessern, dass das Verständnisproblem später, in der Phase der Wartung und Weiterentwicklung der Software, nicht mehr auftritt. Die Vorteile der inkrementellen Entwicklung, die eine Hauptmotivation für agile Verfahren sind, kommen uns so auch bei der Erstellung der Dokumentation zugute.

4.5 Initiative für Fragen der Dokumentation

Wir haben mittlerweile eine relativ konkrete Vorstellung davon, wie wir die Planung der notwendigen Dokumentation in das gesamte Projektgeschehen integrieren wollen. Die EINBINDUNG DER KUNDEN (4.2) soll sicherstellen, dass wir Dokumentation in bedarfsgerechtem Umfang und mit passenden Inhalten erstellen. Wir wollen die PLANUNGSTRANSPARENZ (4.3) erhöhen, indem wir die Dokumentationsaufgaben explizit machen. Schließlich ist unser Ziel eine INKREMENTELLE DOKUMENTATION (4.4), die es uns gestattet, unsere Dokumente in sinnvollen Abständen zu erweitern und zu aktualisieren. Diese Dinge stellen uns nicht vor unlösbare Probleme, aber etwas Aufmerksamkeit verlangen sie doch.

Kontext

Problem Wie können wir sicherstellen, dass der Überblick über die Dokumentation und die damit verbundenen Aufgaben nicht verloren geht?

Analyse In einem agilen Projekt trägt grundsätzlich das gesamte Team die Verantwortung für die Qualität der Arbeit. Das gilt primär für die Software, die entwickelt wird, es gilt aber auch für andere Arbeitsergebnisse wie beispielsweise die Dokumentation.

Allerdings besteht auch in agilen Teams die Gefahr, dass ein Thema unerledigt liegen bleibt, wenn sich niemand persönlich dafür zuständig fühlt. Viele agile Verfahren entschärfen dieses Problem durch das explizite Aufschreiben von Aufgaben und deren Planung am Taskboard. Trotzdem schadet es nicht, wenn einzelne Teammitglieder auf bestimmte Dinge besonders achten.

Beispielsweise gibt es in vielen agilen Teams einzelne Entwickler, die besonders auf die gesamte technische Architektur achten, vielleicht weil sie aufgrund ihrer Erfahrung besonders für diese Rolle prädestiniert sind. Ebenso gibt es häufig die Rolle des Testmanagers, der nicht nur für Integrationstests zuständig ist, sondern auch die Entwickler bei deren Tests unterstützt. Analog dazu ist auch die Rolle des Dokumentationsexperten denkbar.

Dazu kommt, dass unterschiedliche Personen immer auch unterschiedliche Stärken und Interessen mitbringen. Manche Teammitglieder haben Freude daran, über eine sinnvolle Dokumentation nachzudenken, andere weniger. Manche Teammitglieder sind erfahren im Schreiben von prägnanten Dokumenten, andere sind es nicht. Daran ist auch nichts auszusetzen. Dass Menschen unterschiedlich sind, liegt in der Natur der Sache, und das Agile Manifest trägt dem auch Rechnung, indem es Personen (und ihre Interaktionen) in den Vordergrund stellt (insbesondere gegenüber Prozessen und Werkzeugen). Wir dürfen also nicht überrascht sein, wenn manche Teammitglieder für Fragen der Dokumentation mehr Engagement aufbringen als andere.

Lösung **Sinnvollerweise definiert ein Projekt einen Dokumentationsverantwortlichen, der proaktiv dokumentationsrelevante Themen aufgreift und als Ansprechpartner für alle Fragen der Dokumentation zur Verfügung steht.**

Details Der Dokumentationsverantwortliche trägt nicht die alleinige Verantwortung für die Erstellung der erforderlichen Dokumentation. Für das Projektergebnis ist und bleibt das Team verantwortlich, nicht eine einzelne Person. Es geht aber darum, jemanden mit Erfahrung in puncto Dokumentation ins Boot zu holen, der die entsprechenden Themen im Hinterkopf behält und so dem Team helfen kann, der gemeinsamen Verantwortung für die Dokumentation gerecht zu werden.

Der Dokumentationsverantwortliche hat insbesondere die folgenden Aufgaben:

- Der Dokumentationsverantwortliche berät das Team, möglicherweise auch unter EINBINDUNG DER KUNDEN (4.2), zu Fragen der Dokumentation.
- Er hat die nötige Erfahrung, um unnütze Dokumentation abzuwehren. Ein guter Dokumentationsverantwortlicher ist nicht jemand, der den Wunsch hat, im Zweifelsfall möglichst viel zu dokumentieren, sondern jemand, der den Gedanken an eine bedarfsgerechte Dokumentation verinnerlicht hat und auch einem Kunden gegenüber vertreten kann.
- Falls sich das Team entscheidet, ein Backlog für Dokumentationsaufgaben zu führen, die sich nicht im Rahmen der Abarbeitung fachlicher Anforderungen erledigen lassen, dann achtet der Dokumentationsverantwortliche darauf, dass die notwendigen Aufgaben in dieses Backlog aufgenommen und geeignet priorisiert werden.
- Der Dokumentationsverantwortliche achtet bei Meetings zur Planung der Anforderungen darauf, dass Anforderungen an die Dokumentation nicht vergessen werden, wenn die Umsetzung fachlicher Aufgaben geplant wird.
- Er macht Vorschläge zum Aufbau der Dokumentationsinfrastruktur. Falls das Projekt ein WIKI (3.2) nutzt, übernimmt er die Rolle des Wiki Gardener und steuert so den Aufbau einer DOKUMENTATIONSLANDSCHAFT (7.2). Zu den Aufgaben des Wiki Gardener gehören neben dem Aufbau einer initialen Struktur des Wikis auch die gelegentliche Prüfung, wie die Strukturen sich weiterentwickeln, sowie bei Bedarf ein korrigierendes Eingreifen. Worauf man hierbei achten muss, beschreibt Ulrike Parson in ihrem Artikel *Im Team schreiben – Dokumentation von technischen Schnittstellen mit Wikis* [Parson 2011].
- Der Dokumentationsverantwortliche prüft, ob im Unternehmen Templates vorhanden sind, die das Team für die Dokumentation nutzen kann, und passt diese gegebenenfalls an.
- Schließlich koordiniert er die Beiträge der anderen Teammitglieder und achtet auf die Durchführung von DOKUMENTENREVIEWS (4.6).

Die Rolle des Dokumentationsverantwortlichen ist in den allermeisten Fällen kein Fulltime-Job. Abgesehen von sehr großen Projekten, kann diese Rolle von einer beliebigen Person aus dem Team übernommen werden, beispielsweise einem Entwickler. Wichtig ist allerdings, dass die Rolle tatsächlich im Team und nicht außerhalb angesiedelt ist.

> **Beispiel: Monitoring des Wiki-Status**
>
> In einem Projekt wurde das Wiki für die Systemdokumentation sehr lebhaft genutzt. Es war Aufgabe des Wiki Gardener, nicht nur auf die Gesamtstruktur der Dokumentation zu achten, sondern auch darauf, dass die Menge der »offenen Baustellen« nicht zu groß wurde. Der Wiki Gardener wollte ein Auge darauf behalten, dass angefangene Seiten auch weiterentwickelt und irgendwann fertiggestellt wurden.
>
> Viele Wikis bieten die Möglichkeit, einzelne Seiten mit bestimmten Stichworten (Tags, Labels oder dergleichen) zu versehen. Man kann dann gezielt nach Seiten mit bestimmten Stichworten suchen und damit eine Taxonomie aufbauen, die weit über die baumartige Struktur des Wikis hinausgeht.
>
> Der Wiki Gardener hatte die Idee, diese Technik für ein Monitoring des Wikis zu nutzen. Als mögliche Tags wurden die Begriffe »ToDo«, »in Arbeit« und »zum Review« vereinbart. Wann immer ein Teammitglied den Eindruck hatte, dass irgendwo eine bestimmte Wiki-Seite fehlte, wurde die Seite rudimentär angelegt und initial das Tag »ToDo« vergeben. Wenn jemand eine Seite längere Zeit bearbeitet hat, wurde stattdessen das Tag »in Bearbeitung« verwendet. Seiten, die weitgehend abgeschlossen waren, erhielten das Tag »zum Review«. Für kleinere Änderungen am Inhalt, die sich spontan umsetzen ließen, wurde kein Tag vergeben. Es gab keine formalen Regeln, wann welcher der genannten Tags verwendet werden sollte. Den Teammitgliedern war die Bedeutung klar, und in der Regel wurden die Tags korrekt vergeben. Der nötige Aufwand dafür war wenig mehr als ein Mausklick.
>
> Um einen guten Überblick über den Status der Dokumentation zu erhalten, hat der Wiki Gardener eine Seite mit drei automatisch generierten Listen angelegt, die jeweils Verweise auf die Seiten enthielten, die als »ToDo«, »in Arbeit« bzw. »zum Review« gekennzeichnet waren. Das Team erhielt auf diese Weise eine automatisch generierte Übersicht über sämtliche Baustellen im Wiki, sodass zu jeder Zeit allen klar war, was an welchen Seiten noch zu tun war.

Diskussion Während die Systemdokumentation praktisch immer vom Team erstellt wird, gehen manche Projekte im Hinblick auf die Produktdokumentation einen anderen Weg. Insbesondere Nutzungshandbücher werden gelegentlich von technischen Redakteuren erstellt, die sich mit technischer Dokumentation besonders gut auskennen [Haramundanis 1998].

Wenn technische Redakteure involviert sind, sind sie idealerweise in das agile Team eingebunden. Wie die Integration der Redakteure im Detail aussehen kann und welche möglichen Probleme zu beachten sind, beschreibt Marc Beckers in seinem Artikel *Darf's ein bisschen weniger sein* [Beckers 2011].

> **Verantwortung für Dokumentation: Findet sich ein Freiwilliger?**
>
> Dokumentation gilt nicht eben als die Lieblingsbeschäftigung vieler Entwickler. Wenn man dem gängigen Klischee glauben soll, sind sogar die allermeisten Entwickler grundsätzlich abgeneigt, Dokumente zu erstellen. Gibt es unter diesen Bedingungen überhaupt eine Chance, in einem Entwicklungsteam jemanden zu finden, der freiwillig die Rolle des Dokumentationsverantwortlichen übernimmt?
>
> In den meisten Fällen lautet die Antwort ja. Es stimmt zwar, dass viele Entwickler kein ausgeprägtes Interesse an Dokumentation haben. Für *alle* oder auch *fast alle* gilt das allerdings nicht.
>
> Die Erfahrung zeigt, dass sich in den meisten Teams jemand findet, der durchaus gewillt ist, sich auch mit Dokumentationsthemen zu beschäftigen. Oft handelt es sich um Personen, die Freude am Schreiben haben und in der Regel auch ein ganz gutes Gefühl für brauchbare Dokumentation besitzen.
>
> Tatsächlich kann man sogar etwas dafür tun, die Chance zu erhöhen, eine solche Person im Team zu haben. In ihren Patterns zum Projektmanagement schlagen Jim Coplien und Neil Harrison vor, Teams aus Personen mit unterschiedlichen Skills zu besetzen. Ihrer Beobachtung nach funktionieren Teams am besten, wenn jemand mit viel Designerfahrung an Bord ist, dann jemand mit tiefen Programmierkenntnissen, schließlich jemand, der über viel Erfahrung im Testen verfügt, und so weiter. Sie sprechen von *Holistic Diversity*, zu Deutsch ganzheitliche Vielfalt [Coplien/Harrison 2005].
>
> Es spricht nichts dagegen, diese Idee dahingehend auszudehnen, dass man sich bemüht, neben stärker technisch geprägten Personen auch jemanden im Team zu haben, der sich neben der Softwareentwicklung auch ganz gerne mal um die Dokumentation kümmert. Natürlich erspart diese Strategie nicht automatisch allen anderen Personen jegliche Dokumentation – dazu muss schließlich das gesamte Team etwas beitragen. Allerdings ist es hilfreich, wenn jemand die Rolle des Dokumentationsverantwortlichen übernimmt, der genau daran auch Freude hat.

4.6 Dokumentenreviews

Wir haben uns eine Reihe von Strategien und Techniken zurechtgelegt, um die notwendige Dokumentation in unsere Projektplanung einzubeziehen. Darüber hinaus übernimmt ein Teammitglied die INITIATIVE FÜR FRAGEN DER DOKUMENTATION (4.5) und sorgt so dafür, dass die notwendigen Schritte und Maßnahmen nicht vergessen werden. Damit sind wir so weit gut aufgestellt: Wir haben dafür gesorgt, dass wir das Thema Dokumentation im Projekt aktiv adressieren. Allerdings haben wir noch keine Maßnahmen getroffen, die speziell die Qualität unserer Dokumentation betreffen.

Kontext

Problem   Wie können wir eine hohe Qualität der Dokumentation sicherstellen?

Analyse   An dieser Stelle müssen wir uns zunächst die Frage stellen, die Qualität im Hinblick auf die Produkt- und Systemdokumentation überhaupt angebracht ist. Innerhalb der agilen Welt gibt es dazu unterschiedliche Auffassungen.

Einzelne Verfechter agiler Methoden sehen die Qualität der Dokumentation nicht notwendigerweise als Erfolgskriterium für ein Projekt an. Entsprechende Hinweise findet man vor allem bei Autoren, die auch für eine Dokumentation zum spätestmöglichen Zeitpunkt plädieren. Diese Autoren folgern aus der Tatsache, dass die Dokumentation auf der rechten Seite des Agilen Manifests steht, dass Einbußen bei der Qualität der Dokumentation zur Not hingenommen werden können, gelegentlich verbunden mit dem Kommentar, dass derartige Fälle immer mal wieder vorkommen [Cockburn 2002; Ambler 2002].

In den letzten Jahren hat sich allerdings eher eine etwas andere Sicht durchgesetzt. Natürlich ist lauffähige Software als Projektergebnis wichtiger als umfangreiche Dokumentation, die ja großenteils ein Mittel zum Zweck ist. Als Schlussfolgerung aus dieser Erkenntnis sind Abstriche beim Umfang der Dokumentation durchaus hinnehmbar und möglicherweise sogar erwünscht, Abstriche bei der Qualität gelten aber in der Regel als inakzeptabel. Anders formuliert: Es darf gern etwas weniger aufgeschrieben werden, aber was aufgeschrieben wird, sollte schon stimmen.

Diese Haltung passt auch gut zu unserer Philosophie, Aufgaben der Dokumentation genau wie beliebige andere Aufgaben im Projekt zu behandeln: sie einzuplanen, sie in Angriff zu nehmen und letztlich ihre Qualität zu sichern. Natürlich gibt es Dokumente von unterschiedlicher Wichtigkeit und entsprechend ist es legitim, die Qualitätsmaßstäbe auch unterschiedlich hoch zu legen. Grundsätzlich sollten wir aber dem Prinzip folgen, dass wenn wir ein bestimmtes Dokument als sinnvoll erachten, wir auch dafür verantwortlich sind, dieses Dokument in vernünftiger Qualität zu erstellen.

Lösung   **Reviews der Dokumentation sind Bestandteil jedes agilen Projekts.**

Details   Dokumentation benötigt Reviews genau so wie Software Tests benötigt. Ein Dokument kann nur dann als abgeschlossen gelten, wenn es ein Review erhalten hat.

Der Sinn eines Reviews besteht darin zu prüfen, ob ein Dokument tatsächlich seinen Zweck erfüllt. Dazu sollte ein Review auf die folgenden Fragen eingehen:

- Ist das Dokument für die Zielgruppe geeignet? Ist es verständlich geschrieben, verwendet es geeignete Beispiele?
- Ist das Dokument inhaltlich korrekt?
- Verfügt das Dokument über einen passenden Detaillierungsgrad? Liefert es genügend Informationen, aber nicht zu viele?
- Ist das Dokument vernünftig strukturiert?

Reviews können unterschiedliche Formen annehmen. Ein einfaches Review kann darin bestehen, dass ein Kollege einen Blick auf eine Wiki-Seite wirft und schaut, ob alles in Ordnung ist. In dem Moment, in dem dies geschieht, profitiert die Dokumentation bereits vom 4-Augen-Prinzip. Ein etwas gründlicheres Vorgehen ist angemessen bei Dokumenten, die nicht mehr im Fluss sind, sondern abgeschlossen und eventuell nach außen gegeben werden sollen. Aber auch ein solches Review sollte sich auf das Wesentliche konzentrieren, ohne formalistisch vorzugehen.

Insgesamt passen Reviews hervorragend in die von agilen Verfahren geförderte Kultur der Kooperation, sowohl innerhalb des Teams als auch zwischen Team und Kunden. Beispielsweise lässt sich die von vielen agilen Verfahren geforderte regelmäßige Projektretrospektive neben vielen anderen Dingen auch dafür nutzen, Feedback über den Zustand der Systemdokumentation einzuholen. Dabei können kritische Punkte diskutiert werden, es können aber auch Beispiele für gelungene Dokumente gesammelt werden. In einem Artikel anlässlich des 10-jährigen Jubiläums des Agilen Manifests empfiehlt Dierk König: »Lernen Sie von Ihren Lesern« und »Sammeln Sie in den Retrospektiven Beispiele für gute Dokumentation« [König 2011].

Die Empfehlung, von den Lesern zu lernen, ist nicht auf Kollegen innerhalb des Teams beschränkt. Gerade im Fall der Produktdokumentation, die vom Kunden in Auftrag gegeben wird, bietet es sich an, auch den Kunden selbst um ein Review zu bitten. Falls wir uns um INKREMENTELLE DOKUMENTATION (4.4) bemühen, kommt uns dies jetzt zugute, weil wir die erforderlichen Dokumente nicht erst ganz zum Schluss des Projekts erstellen, sondern in regelmäßigen Abständen (etwa mit jedem größeren Release) ein Update zur Verfügung stellen, das dann jeweils von dem Feedback profitieren kann, das wir auf die vorherige Version erhalten haben.

Diskussion

Zum Schluss allerdings noch ein warnendes Wort. Ein Dokumentenreview durch den Kunden funktioniert nur dann, wenn dem Kunden klar ist, dass es sich um ein unfertiges Dokument handelt und dass sein ehrliches Feedback gefragt ist. Der Kunde muss die Idee einer Reviewkultur verinnerlicht haben, ansonsten entsteht allzu leicht der Eindruck, dass das Team seine eigene Arbeit an den Kunden delegiert.

> **Beispiel: Review der Dokumentation durch den Kunden**
>
> In einem Projekt, das nicht explizit nach einer agilen Methode durchgeführt wurde, bestand trotzdem der Wunsch, dem Kunden Dokumente zum Review vorzulegen, um die Inhalte der Dokumentation auf fachliche Korrektheit hin zu prüfen. Der Kunde war in diesem Fall ein Versicherungsunternehmen und die Softwareentwicklung erforderte ein Verständnis bestimmter Versicherungstarife. Das Team hatte den Wunsch, das korrekte Verständnis der Anforderungen sicherzustellen. Nach einem gemeinsamen Workshop von Team und Kunden hatte das Team ein Fachkonzept erstellt, das relativ kurz gehalten war und als Grundlage für die Umsetzung der Anforderungen dienen sollte. Um eventuelle Missverständnisse möglichst früh ausräumen zu können, ging das Fachkonzept in einer ersten Version an den Kunden mit der Bitte um Review.
>
> Die erste Reaktion des Kunden bestand vor allem aus Irritation. Tatsächlich enthielt das Dokument einige fachliche Missverständnisse, die aufseiten des Kunden zu Bedenken führten, ob das Team für die Umsetzung des Projekts überhaupt geeignet war.
>
> Der Kunde hatte nicht damit gerechnet, dass das Team ein wichtiges Dokument in einem relativ unfertigen Status übergeben würde mit der Erwartungshaltung, kritisches Feedback darauf zu erhalten. Umgekehrt hatte es das Team versäumt, genau dieses Vorgehen dem Kunden gegenüber klarzumachen. Das Missverständnis bezüglich des Zwecks des Reviews konnte letztlich ausgeräumt werden. Bis sich die Wogen geglättet hatten, waren aber mehrere Interventionen auf Managementebene nötig.
>
> In einem wirklich agilen Projekt wäre dieses Problem in der Form nicht aufgetreten. Sämtliche agilen Verfahren betonen die Wichtigkeit der Kooperation zwischen Fachexperten und dem Entwicklungsteam. Ein Review mit dem Ziel, das gemeinsame Verständnis der Materie sicherzustellen, ist dann etwas völlig Natürliches. Dieses Vorgehen ist mit einem gewissen Aufwand aufseiten sowohl des Teams als auch des Kunden verbunden. Es bietet aber den immensen Vorteil, dass fachliche Missverständnisse früh ausgeräumt werden können, bevor sie viel Schaden anrichten können.

Agile Projekte sind durch eine enge Kooperation zwischen Team und Kunden geprägt. Dem Kunden sollte also bewusst sein, dass seine Mitwirkungspflicht gefragt ist und dass es das Ziel des Reviews ist, das Dokument zu verbessern und Missverständnisse auszuräumen. Nur wenn dieses Verständnis tatsächlich auch vorhanden ist, kann ein Review letztlich erfolgreich sein.

Zusammenfassung und Ausblick

In diesem Kapitel haben wir uns mit der Planung der Dokumentation im Rahmen der allgemeinen Projektplanung beschäftigt. Wir haben gesehen, wie wir Dokumentationsaufgaben definieren, einplanen und priorisieren können. Wir haben uns überlegt, welche Rollen bei der Erstellung der Dokumentation notwendig sind, die dann von bestimmten Teammitgliedern übernommen werden sollten.

Damit sind wir jetzt an dem Punkt angelangt, an dem wir uns über die konkrete Gestaltung der Dokumentation in unserem Projekt Gedanken machen können. In den folgenden Kapiteln werden wir uns daher mit diesen Fragen beschäftigen:

- Welche Dokumente sind im Projektgeschäft typischerweise hilfreich? Welche Inhalte müssen häufig dokumentiert werden?
- Wie werden Dokumente vernünftig strukturiert? Welche Elemente sind sinnvollerweise vorhanden, welche Präsentationsformen helfen beim Verständnis?

5 Auswahl der richtigen Inhalte

In den letzten Kapiteln haben wir immer wieder betont, dass vieles dafür spricht, den Umfang der Dokumentation zu reduzieren. Dies gilt gleichermaßen für die Produktdokumentation wie für die Systemdokumentation. Dafür gibt es eine Vielzahl von Gründen. Der wichtigste Grund ist, dass sich manches Wissen besser mündlich als schriftlich weitergeben lässt. Ebenso gilt, dass eine kurze und prägnante Dokumentation eine viel höhere Chance hat, überhaupt gelesen zu werden. Schließlich spielen auch ökonomische Betrachtungen eine Rolle: Ist die Dokumentation weniger umfangreich, müssen wir weniger Zeit in ihre Erstellung und Aktualisierung investieren.

Lohnende Inhalte

Ziel dieses Kapitels ist es, etwas konkreter zu analysieren, welche Inhalte sich in typischen Softwareentwicklungsprojekten schriftlich festzuhalten lohnen (und auch bei welchen Inhalten das eher nicht der Fall ist). Welche Prinzipien wir dabei zugrunde legen, haben wir schon in Kapitel 2 gesehen. Jetzt werden wir einen Schritt weiter gehen und diese Prinzipien auf konkrete Dokumentationsinhalte anwenden.

Natürlich müssen wir dabei beachten, dass Softwareentwicklungsprojekte individuell verschieden sind. Sie unterscheiden sich im Hinblick auf Teamstärke, Laufzeit, Thema, Kritikalität, technologische Basis und viele andere Dinge mehr. Eine allgemeingültige Aussage, was dokumentationswürdige Inhalte sind, ist daher gar nicht möglich. Letztlich werden wir in jedem Einzelfall prüfen müssen, was wir aufschreiben wollen und was uns verzichtbar erscheint bzw. welcher Detaillierungsgrad uns angemessen erscheint. Dieses Kapitel gibt uns dafür aber eine Entscheidungsgrundlage.

5.1 Der große Überblick

Kontext

Im Zuge der Projektplanung haben wir eine Reihe von Themen identifiziert, bei denen eine schriftliche Dokumentation notwendig ist, entweder weil sie vom Kunden explizit eingefordert wird oder weil wir als

Projekt diese Dokumentation aus unserem eigenen Qualitätsanspruch heraus für sinnvoll halten.

Damit haben wir zwar eine Vorstellung davon, welche Themen unsere Dokumentation behandeln soll. Es stellt sich aber immer noch die Frage nach dem Inhalt, dem Stil und insbesondere dem Detaillierungsgrad.

Problem **Welche Art von Dokumentation bietet einen guten Einstieg in die unterschiedlichen Themen eines Softwareentwicklungsprojekts?**

Analyse Das Szenario des Einstiegs in ein bestimmtes Thema ist bewusst gewählt. Die »alten Hasen« im Projekt sind oftmals auf die Dokumentation gar nicht angewiesen. Bei neuen Teammitgliedern sieht die Sache aber schon anders aus und natürlich auch bei Personen, die nach Abschluss des eigentlichen Projekts für die Wartung und Weiterentwicklung verantwortlich sind. Die gewünschte ORIENTIERUNG AM LESERKREIS (2.1) bedeutet, dass es unser Ziel sein muss, diese Leser in die Lage zu versetzen, in ein bestimmtes Thema hineinzufinden.

Dafür benötigen diese Personen zunächst einmal einen Überblick. Ein guter Überblick ist, zumindest beim Einstieg in ein Thema, sehr viel wichtiger als eine große Detailtiefe. Eine Vielzahl von Detailinformationen wird zwar vielleicht als informativ wahrgenommen, kann aber auch leicht die Wirkung haben, die Leser zu »erschlagen«.

Leider trifft man in der Praxis oft auf Dokumente, die sich in Details verlieren. Ursache dafür ist, dass die Autoren oft tief in der Materie stecken und ihnen nicht bewusst ist, welche Grundlagen Einsteigern ins Thema vermittelt werden müssen, bevor diese auch nur beginnen können, die Details zu verstehen.

Es gibt noch einen weiteren Grund, weswegen eine zu hohe Detailtiefe eher kritisch zu sehen ist. Detailinformationen, speziell technische Details, sind oft nicht sehr langlebig. Wenn wir heute irgendwelche Details dokumentieren, ist die Gefahr groß, dass sie zu dem Zeitpunkt, wenn das Dokument gelesen wird, bereits veraltet sind. Wir sind aber an einer DOKUMENTATION LANGFRISTIG RELEVANTEN WISSENS (2.2) interessiert. Das heißt, wir sollten die Dinge dokumentieren, die in ein paar Monaten oder gar Jahren noch gültig und auch wichtig sind. Überblicksinformationen fallen sehr viel eher in diese Kategorie als technische Details mit einer häufig doch eher kurzen Halbwertzeit.

Lösung **Dokumentation, die einen Überblick über ein Projekt in all seinen Facetten gibt, ist für viele Projektbeteiligte über einen langen Zeitraum hinweg nützlich.**

Im Englischen wird der Überblick über ein Thema als das *Big Picture* bezeichnet. Wie schaffen wir es, innerhalb unserer Dokumentation ein Big Picture der unterschiedlichen Themen zu vermitteln?

Details

- Wichtig ist, dass jemand, der ein Dokument verfasst, nicht den Versuch unternimmt, alles aufzuschreiben, das man potenziell aufschreiben könnte. Gerade bei Autoren, die über viel Wissen verfügen, würde dies zu einer übergroßen Fülle an Material führen.
- Stattdessen sollte man das aufschreiben, was man einem neuen Teammitglied an den ersten Tagen im Projekt erzählen würde. In einer solchen Situation würde man sicherlich niemanden mit Bergen von Information überhäufen, sondern sich überlegen, wie man die vorhandene Zeit nutzen kann, um dem neuen Teammitglied einen guten Start ins Projekt zu ermöglichen. Genau das sollte ein guter schriftlicher Überblick auch tun.

Welche Aspekte der Überblick über ein Thema beleuchten sollte, hängt natürlich vom Einzelfall ab. Tabelle 5–1 nennt einige typische Beispiele.

Thema	Typische Inhalte eines Überblicks
Gesamtprojekt	- wesentliche Projektziele - beteiligte Personen - Maße für den Projekterfolg
fachliche Architektur	- fachliche Komponenten und Prozesse - zentrale fachliche Anforderungen - Nutzungsszenarien
technische Architektur	- Systemkomponenten und ihre Beziehungen - Schnittstellen zu Nachbarsystemen - wichtige nicht funktionale Eigenschaften
Design	- Designprinzipien - verwendete Frameworks - Hinweise auf Codekonventionen

Tab. 5–1
Mögliche Inhalte für Überblicksdokumente

Um einen Überblick zu geben, ist in der Regel kein umfangreicher Text erforderlich. Für viele Themen ist eine kompakte Darstellung, etwa in der Größenordnung von zehn bis zwanzig Seiten, völlig ausreichend.

Diskussion

Dass ein guter Überblick über ein Thema wichtig ist, bedeutet nicht automatisch den Verzicht auf jede tiefer gehende Beschreibung. Bei manchen Themen ist es mit einer überblicksartigen Darstellung allein nicht getan. In solchen Fällen muss die Dokumentation auch etwas mehr ins Detail gehen. Wie sie das tun kann und welche Inhalte dafür infrage kommen, werden wir noch sehen.

5.2 Motivation, Begründungen und Alternativen

Kontext — Technische Konzepte machen einen Großteil der Systemdokumentation aus. DER GROßE ÜBERBLICK (5.1) über die Architektur und das Design, den diese Konzepte idealerweise vermitteln, gibt Lesern einen guten Einstieg in die technischen Aspekte eines Projekts.

An dieser Stelle müssen wir uns fragen, welche weiteren Aspekte die Systemdokumentation beleuchten sollte.

Problem — **Wie können wir die technischen Konzepte, die im Projekt entwickelt werden, innerhalb der Systemdokumentation in ihren Gesamtzusammenhang einordnen?**

Analyse — Grundsätzlich muss es unser Ziel sein, die Systemdokumentation möglichst knapp zu halten. Die Systemdokumentation sollte sich auf die Beschreibung solcher Dinge beschränken, die nach Abschluss des Projekts andernfalls nicht mehr nachvollziehbar wären.

Für viele technische Details trifft das überhaupt nicht zu. Seien wir ehrlich: Wenn die Software irgendwann in der Wartungsphase erweitert oder verändert werden soll, müssen sich die Entwickler ohnehin mit dem Code auseinandersetzen. Eine umfangreiche Dokumentation auf einer tiefen technischen Ebene hilft den Entwicklern an dieser Stelle kaum weiter, denn es besteht immer die Gefahr, dass die Dokumentation nicht ganz aktuell ist. Außerdem erlaubt der Code (im Gegensatz zur Dokumentation) eine Analyse innerhalb der Entwicklungsumgebung und ein Debugging. Aus Sicht der Entwickler ist letztlich immer der vorhandene Code ausschlaggebend.

Andererseits gibt es aber Dinge, die für das Verständnis der Software wichtig sind und die sich aus dem Code nicht rekonstruieren lassen. Zu nennen sind hier in erster Linie die Gründe, die zur gewählten Architektur oder zum gewählten Design geführt haben. Der Status quo des Systems lässt sich aus dem Code ablesen, die Gründe dafür nicht. Gerade im Hinblick auf die langfristige Entwicklung ist aber nicht nur wichtig, was im Projekt getan wurde, sondern auch warum.

Lösung — **Die Systemdokumentation gewinnt immens an Nutzen, wenn sie nicht nur die gewählten Konzepte beschreibt, sondern auch die Alternativen, die betrachtet worden sind, sowie die Gründe, die für die Entscheidungen ausschlaggebend waren.**

Details — Es gibt verschiedene Themenkomplexe innerhalb eines Entwicklungsprojekts, in denen Entscheidungen getroffen werden, die für die langfristige technische Ausrichtung des Projekts wesentlich sind. Zu nennen sind insbesondere die folgenden Themen:

Beispiel: Fehlende Dokumentation der Designalternativen

Gegenstand eines Projekts war die Implementierung eines Konzepts, das als zweidimensionale Historisierung bezeichnet wird und das in Finanzinformationssystemen verbreitet ist. Dieses Konzept unterscheidet den Zeitpunkt, zu dem Daten gültig sind, von dem Zeitpunkt, zu dem Änderungen an Daten bekannt werden. Jedem Datensatz werden mithin zwei Zeitpunkte (oder Zeiträume) zugeordnet: die Gültigkeit und der Kenntnisstand. Mithilfe dieses Konzepts lassen sich insbesondere zukünftige und rückwirkende Änderungen an Verträgen modellieren. Das Konzept ist allerdings alles andere als trivial. Zunächst einmal muss man es inhaltlich durchdringen. Für die Implementierung gibt es schließlich eine Reihe von Ansätzen, die unterschiedliche Vor- und Nachteile haben.

Das Projekt hatte zwei Ansätze genauer unter die Lupe genommen: einen Ansatz, mit dem sich Datenänderungen sehr effizient realisieren lassen, der dafür aber mehr Speicherplatz in Anspruch nimmt, und einen anderen Ansatz, der weniger Speicher braucht, dafür aber in manchen Fällen weniger effizient ist. Nach gründlicher Überlegung fiel die Entscheidung für den ersten Ansatz: Effizienz war dem Team wichtig und die Festplattenkapazität schien kein nennenswertes Problem darzustellen. Eine entsprechende Implementierung wurde vorgenommen und die darin umgesetzten Konzepte wurden auch sorgfältig dokumentiert.

Einige Jahre später stellte sich heraus, dass der höhere Plattenplatzbedarf der gewählten Lösung doch nicht so unproblematisch war, wie das Projektteam ursprünglich angenommen hatte. In der anschließenden Diskussion kam die Frage auf, warum das System überhaupt so viele Daten speichern musste – sicher hätte es doch auch eine ressourcenschonendere Implementierung gegeben. Auf diese Frage wusste leider niemand eine Antwort: Die damaligen Architekten, Designer und Entwickler waren fast ausnahmslos längst nicht mehr im Projekt und ihre Entscheidung ließ sich de facto nicht mehr nachvollziehen.

Auch die Dokumentation half nicht weiter. Das gewählte Konzept war zwar ausführlich beschrieben, nicht aber die alternativen (und verworfenen) Lösungsansätze oder auch die Gründe, die zur damaligen Entscheidung geführt hatten. Letztendlich musste das gesamte Thema neu diskutiert werden. Welche Implementierungsmöglichkeiten gibt es? Welche Vor- und Nachteile bieten sie? Worauf muss man besonders achten? Welche Kriterien sind im Kontext dieses speziellen Projekts besonders wichtig? Es waren allesamt Fragen, die ein paar Jahre vorher schon einmal diskutiert worden waren, deren Ergebnisse sich aber trotz umfangreicher Dokumentation nicht rekonstruieren ließen.

Im Rückblick lässt sich sagen, dass die Dokumentation einerseits zu umfangreich, andererseits aber auch zu dünn war. Viele der dokumentierten Details stellten sich als verzichtbar heraus. Was hingegen fehlte, war die Dokumentation der Jahre vorher betrachteten Optionen inklusive der Vor- und Nachteile. Eine solche Dokumentation hätte letztlich eine Menge Arbeit erspart.

- Softwarearchitektur (Schnitt der Komponenten, Umsetzung nicht funktionaler Anforderungen, Skalierung der Hardware)
- Softwaredesign (Schnittstellengestaltung, Prinzipien beim Error Handling)
- Nutzung von Tools und Frameworks (Build- vs. Buy-Entscheidungen, Toolauswahl)

Weil die Entscheidungen innerhalb dieser Themenkomplexe langfristig ausschlaggebend sind, ist es sinnvoll, dass die Systemdokumentation auf folgende Fragen eingeht:

- Was war die Motivation für die Entscheidung? Warum wurde die Entscheidung getroffen?
- Was wären Alternativen gewesen? Warum wurden diese verworfen?
- Was waren die Vor- und Nachteile der verschiedenen Optionen?

> **Beispiel: Dokumentation der Toolauswahl**
>
> In einem Projekt, das mit der Entwicklung eines Onlineshops befasst war, sollte ein Werkzeug zur Erstellung von Webstatistiken eingesetzt werden. Das Team machte sich seine Entscheidung nicht leicht: Mehrere Tools wurden evaluiert und die Hersteller der interessantesten wurden zu einer Präsentation eingeladen. Neben den Kosten waren der Funktionsumfang, die Bedienbarkeit und die Möglichkeit der Integration in die existierende Systemlandschaft wichtige Auswahlkriterien. Letztlich fiel die Entscheidung für ein Werkzeug im eher höherpreisigen Segment, das sich vor allem durch einen großen Funktionsumfang auszeichnete.
>
> Leider stellte sich im Betrieb nach einiger Zeit heraus, dass einige wichtige Funktionen zwar vorhanden waren, aber nicht so arbeiteten, wie es das Team eigentlich angenommen hatte. Hinzu kam, dass die Unterstützung seitens des Herstellers nicht wirklich den Wünschen des Projektteams entsprach. Aufgrund der veränderten Lage kam die Diskussion auf, ob das Tool sich für den Projekteinsatz wirklich eignete.
>
> Die Situation war natürlich ärgerlich, trotzdem war es nicht nötig, die komplette Tooldiskussion von vorn aufzurollen. Ein sehr erfahrener Kollege hatte sich die Mühe gemacht, im Zuge der Toolevaluierung den Kriterienkatalog zu dokumentieren und für alle untersuchten Werkzeuge aufzuschreiben, welche Kriterien bis zu welchem Grad erfüllt wurden. Genau diese Dokumentation, die in dem Moment, in dem sie erstellt wurde, noch überhaupt keinen Nutzen hatte, stellte sich nun als äußerst hilfreich heraus. Es war relativ schnell klar, dass es Alternativen zur bestehenden Lösung gab und wie diese Alternativen aussahen. Das Team konnte diese Kenntnisse schnell vertiefen und zu einer neuen Lösung gelangen.

Antworten auf diese Fragen helfen, die Entscheidungen, die ein Projekt getroffen hat, nachvollziehbar zu machen. Die Nachvollziehbarkeit von Architektur und Design ist eine wichtige Voraussetzung für die spätere Wartung und Weiterentwicklung der Software, wie auch das angeführte Beispiel deutlich macht.

Diskussion

Natürlich muss man sich auch bei der Dokumentation von Begründungen und Alternativen immer wieder fragen, welche Detailtiefe angemessen ist. Natürlich muss nicht jede Projektentscheidung ausgiebig dokumentiert werden. Die Kernaussage ist vielmehr, dass es sich im Sinne der DOKUMENTATION LANGFRISTIG RELEVANTEN WISSENS (2.2) lohnt, die Begründungen für *essenzielle* Architektur- und Designentscheidungen aufzuschreiben.

5.3 Drehbuch

Kontext

Einige der Dokumente, für die wir im Verlauf unseres Projekts einen Bedarf erkennen, beschreiben den Betrieb oder die Nutzung von Software. Dies gilt insbesondere für große Teile der Produktdokumentation. Beispiele sind ein Installations-, Betriebs- oder Nutzungshandbuch. Ein weiteres Beispiel ist die Dokumentation unserer Entwicklungsumgebung.

In diesen Fällen ist DER GROßE ÜBERBLICK (5.1), den unsere Dokumentation hoffentlich bietet, allein nicht ausreichend. Die Leser dieser Dokumente sind auf eine konkrete Anleitung angewiesen, wie die jeweiligen Systeme genutzt werden.

Wie gelingt es, den Betrieb und die Nutzung von Systemen oder Komponenten nachvollziehbar zu beschreiben?

Problem

Im Gegensatz zu vielen technischen Konzepten besteht bei Nutzungskonzepten und dergleichen der Bedarf für eine einigermaßen detaillierte Darstellung. Ein Nutzungskonzept, das sich auf einen allgemeinen Überblick beschränkt, ist wenig hilfreich, weil es dem Leser wenig konkrete Hilfestellung bietet.

Analyse

Im Falle der Produktdokumentation ist all das ziemlich evident. Wenn wir als Projektteam Personen in die Lage versetzen wollen, unsere Software effektiv anzuwenden, müssen wir aussagekräftige Installations-, Betriebs- und Nutzungshandbücher mitliefern. Genau das wird vermutlich auch der Auftraggeber verlangen.

Aber auch projektinterne Nutzungskonzepte können sinnvoll sein. Betrachten wir als typisches Beispiel die Anleitung zur Einrichtung der Entwicklungsumgebung. Hier mag man (im Sinne einer vermeintlich agilen Haltung) einwenden, dass eine detaillierte Dokumentation gar nicht nötig sei – schließlich finden sich sicherlich Teammitglieder, die spontan helfen können. Das ist aber tatsächlich nur ein Scheinargument. Zum einen kann sich kaum jemand all die Konfigurationseinstellungen, URL-Adressen, Passwörter und dergleichen merken, die typischerweise in der entsprechenden Dokumentation vermerkt sind. Zum anderen handelt es sich hier um SKALIERBARE DOKUMENTATION (2.3): einmal aufgeschrieben, können viele Personen immer wieder davon profitieren.

Um wirklich hilfreich zu sein, muss eine Nutzungsanleitung klipp und klar sagen, was der Benutzer tun soll und wie er es tun soll. Andernfalls sorgt sie eher für ein Durcheinander als für Klarheit.

Lösung **Nutzungsanleitungen sind am besten verständlich, wenn sie in Form eines Drehbuchs bereitgestellt werden.**

Details Ein Drehbuch ist, analog zu Film und Theater, eine Handlungsanweisung, die genau vorgibt, was zu tun ist:

- Das Drehbuch gliedert sich üblicherweise in eine Reihe von Nutzungsszenarien.
- Jedes Szenario wird im Stil einer Checkliste Schritt für Schritt beschrieben.

Ein Darstellung im Stil eines Drehbuchs ist für einen großen Teil der Produktdokumentation, aber auch für einzelne Aspekte der Systemdokumentation hilfreich. Typische Kandidaten für eine drehbuchartige Präsentation sind die folgenden:

Abb. 5–1
Dokumentation im Stil eines Drehbuchs

```
Installation der Entwicklungsumgebung

Die folgende Anleitung beschreibt, wie Ihr das Projekt Schritt für Schritt auf Euren
lokalen Maschinen installieren könnt.

1. Installation Java
- Falls noch nicht vorhanden, bitte ein aktuelles Java SE JDK herunterladen
  (von http://www.java.com/de/download/) und installieren.
- Umgebungsvariablen setzen:
  - JAVA_HOME: <Java-Installationsverzeichnis>
  - Path: <bisheriger Wert von Path>; <Java-Installationsverzeichnis>\bin

2. Installation Eclipse
- Falls noch nicht vorhanden, Eclipse von www.eclipse.org herunterladen und installieren.

3. Check-out
- Die Zugangsdaten für den svn-Zugriff habt Ihr bereits per E-Mail erhalten.
- Unser svn-Verzeichnis heißt "svn/projects/house_of_effects/".
- Bitte das Verzeichnis rekursiv (mit allen Unterverzeichnissen) auschecken.

4. Eclipse-Projekt
- Die Projekt-Datei "house_of_effects.psf" habt Ihr im letzten Schritt aus svn ausgecheckt.
- Über das Kommando "Open existing project ..." könnt Ihr das Projekt öffnen.
- Falls sich Eclipse beim Öffnen des Projekts über Speichermangel beschwert, bitte
  Eclipse mit dem Parameter "-vmargs -Xmx512M" öffnen.
```

- Anleitungen zum Aufsetzen der Entwicklungsumgebung
- Anleitungen zur Toolkonfiguration
- Installationshandbuch
- Betriebshandbuch
- Benutzerhandbuch

Liegen diese Handbücher als Drehbücher vor, können Benutzer die verschiedenen Nutzungsszenarien Schritt für Schritt nachvollziehen. Wie das aussehen kann, veranschaulicht Abbildung 5–1 anhand eines Ausschnitts aus einer typischen Installationsanleitung. Das Vorgehen ähnelt dann dem Kochen nach Kochbuch, weswegen eine Dokumentation im Stil eines Drehbuchs im Englischen häufig auch als *Cookbook* bezeichnet wird.

Wir treffen an dieser Stelle keine Aussage darüber, ob ein Drehbuch als traditionelles Dokument, als Wiki-Seite oder möglicherweise als Onlinehilfe angeboten werden sollte. All dies ist denkbar.

Diskussion

> **Dokumentation im Zusammenspiel von Entwicklung und Betrieb**
>
> Ein wichtiger Bereich, in dem traditionell immer wieder Nutzungsanleitungen benötigt werden und der daher besonders von Anleitungen im Stil eines Drehbuchs profitieren kann, ist das Zusammenspiel zwischen Softwareentwicklung und Betrieb.
>
> Mit DevOps gibt es seit einiger Zeit einen Ansatz, der das Ziel verfolgt, die Prinzipien agiler Entwicklung auf dieses Zusammenspiel anzuwenden [Peschlow 2011]. Ausgangspunkt ist die Beobachtung, dass Entwicklungs- und Betriebsabteilungen in vielen Organisationen wenig aufeinander abgestimmt sind. Reibungsverluste bei der Inbetriebnahme und beim Betrieb von Software sind immer wieder die Folge.
>
> DevOps setzt dem insbesondere zwei Strategien entgegen. Zum einen sollen durch eine enge Kooperation zwischen Softwareentwicklern und Betriebsabteilungen viele Probleme vermieden werden. Zum anderen ist DevOps um einen hohen Automatisierungsgrad bei der Inbetriebnahme von Software bemüht, sodass die Livestellung von Software in einen regelmäßigen, automatischen und damit weniger fehleranfälligen Prozess übergeht.
>
> DevOps geht nicht speziell auf Fragen der Dokumentation ein. Es ist aber klar, dass eine verbesserte Kooperation zwischen Entwicklung und Betrieb nicht zuletzt auch durch gut strukturierte und verständliche Dokumente gefördert wird. Anleitungen im Drehbuchstil, die konkrete Hinweise zum Betrieb der Software geben, leisten hier einen sinnvollen Beitrag. Genauso klar ist aber, dass Dokumentation auch in diesem Kontext kein Allheilmittel darstellt, sondern nur im Zusammenhang mit anderen Formen der Kommunikation funktionieren kann.

Welche Form am besten geeignet ist, hängt vom individuellen Dokument und dem jeweiligen Leserkreis ab. Für Produktdokumentation ist Onlinehilfe oft das Format der Wahl, wohingegen projektinterne Nutzungsanleitungen häufig am besten im WIKI (3.2) aufgehoben sind.

In jedem Fall profitieren Drehbücher von einer systematischen Darstellung. Ein VERBREITETER EINSATZ VON TABELLEN (6.4) wird in vielen Fällen helfen, das schrittweise Vorgehen bei den unterschiedlichen Nutzungsszenarien zu verdeutlichen.

5.4 Realistische Beispiele

Kontext   Wir haben mittlerweile eine Reihe von Inhalten identifiziert, die eine gute Dokumentation ausmachen können. Wirklich hilfreich sind die entsprechenden Dokumente aber nur, wenn die potenziellen Leser deren Inhalte auch verstehen.

Problem   **Wie können wir die Verständlichkeit der Dokumentation sicherstellen?**

Analyse   Die Materie, mit der wir uns in Softwareentwicklungsprojekten beschäftigen, ist in der Regel nicht ganz einfach. Auf der fachlichen Seite gibt es den Anwendungsbereich mit seinem häufig umfangreichen Vokabular. Auf der technischen Seite gibt es Modelle, Konzepte, Implementierungstechniken und so weiter. In der Summe zeichnen sich Projektinhalte oft durch eine Komplexität aus, die jeder bestätigen kann, der schon einmal in einem anspruchsvollen Projekt gearbeitet hat.

Ein erster Schritt, um die Dokumentation dieser Projektinhalte verständlich zu gestalten, ist die Verwendung eines Glossars. Vielleicht haben wir bereits ein Glossar angelegt, auf das wir jetzt bei der Dokumentation von Konzepten verweisen können. Andernfalls können wir jetzt ein Glossar beginnen, das auch im weiteren Projektverlauf zur Verfügung steht.

Manche Projekte gehen an dieser Stelle noch weiter und definieren ein regelrechtes Metamodell, das dann als Grundlage für alle Modellierungs- und Dokumentationsaufgaben dienen soll. In einzelnen Fällen mag dies sinnvoll sein, um Begriffe und ihre Zusammenhänge zu klären, in vielen Fällen baut man so aber ein relativ abstraktes Gedankengebäude auf, das wenig zum Verständnis beiträgt. Komplexe Metamodelle laufen immer Gefahr, zu einer Dokumentation um ihrer selbst Willen zu werden.

Es gibt einen einfachen Grund dafür, warum das so ist. Fast allen Menschen fällt es leichter, einen konkreten Sachverhalt zu verstehen und von da aus zu abstrahieren, als den umgekehrten Weg zu gehen. Sich in ein abstraktes Konzept hineinzuversetzen und daraus Erkenntnisse für konkrete Beispiele abzuleiten ist etwas, was nur wenigen gelingt.

Gute Dokumentation sollte hierauf Rücksicht nehmen und die Inhalte möglichst konkret präsentieren. Letztlich ist das eine unmittelbare Konsequenz aus der ORIENTIERUNG AM LESERKREIS (2.1), die eine der Grundlagen agiler Dokumentation ist.

Dokumente sind sehr viel zugänglicher für die Leser, wenn sie mit konkreten Beispielen arbeiten. *Lösung*

Gute Dokumentation ist so konkret wie irgend möglich. Tatsächlich ist dieses Ziel nicht besonders schwierig zu erreichen, wenn man sich denn die Mühe macht, beim Schreiben auf die Verwendung von echten Beispielen zu achten. Wie diese Beispiele aussehen können, hängt natürlich vom einzelnen Dokument ab. *Details*

- Die Nutzungsdokumentation kann sich an den User Stories orientieren, mit denen der Auftraggeber die Anforderungen an die Software definiert hat. Diese Stories beschreiben typische Szenarien, viele davon aus Sicht der Nutzer. Zu einer konkreten Dokumentation kommen wir, wenn wir erläutern, wie diese Szenarien in unserer Software durchgespielt werden können, und dies mit ein paar Screenshots illustrieren.
- Technische Dokumentation profitiert davon, dass sie grundlegende Prinzipien anhand konkreter Codebeispiele erklärt. Wenn wir beispielsweise eine Java-basierte Schichtenarchitektur dokumentieren wollen, dann präsentieren wir sinnvollerweise einige typische Klassen aus sämtlichen Schichten, erklären daran die Schnittstellen und Aufrufstrukturen und binden ein paar Codebeispiele in die Dokumentation ein.

All das ist nicht besonders schwierig, entscheidend ist nur: Man muss es auch tun! Der Tipp an dieser Stelle lautet also, sich beim Schreiben der Dokumentation immer wieder in Erinnerung zu rufen, dass Leser mit realistischen Beispielen sehr viel besser umgehen können als mit rein abstrakten Ausführungen.

Natürlich bringt die Verwendung von Beispielen mit sich, dass die Dokumentation etwas umfangreicher wird, als das sonst der Fall wäre. Das ist nicht ganz unproblematisch, weil wir in einem agilen Kontext daran interessiert sind, die Dokumentation möglichst kurz zu halten, zum einen, um den Erstellungsaufwand zu reduzieren, zum anderen, damit sich die Leser nicht durch große (wenn auch möglicherweise virtuelle) Papierberge quälen müssen. *Diskussion*

Im gegebenen Fall der Ergänzung der Dokumentation um konkrete Beispiele ist der größere Umfang allerdings gerechtfertigt. Eine kurze Dokumentation ist zwar generell wünschenswert, aber eben auch kein Selbstzweck. Das eigentliche Ziel ist immer noch die Verständlichkeit der Dokumentation, und die profitiert von anschaulichen Beispielen. Dafür etwas zu tun ist sinnvoll, auch wenn es gelegentlich mit etwas Aufwand verbunden sein mag.

Zusammenfassung und Ausblick

In diesem Kapitel haben wir einige typische Inhalte guter Dokumentation kennengelernt. Wir haben gesehen, welche Arten von Dokumenten erfahrungsgemäß hilfreich sind. Ebenso ist angeklungen, bei welcher Art von Dokumenten das eher nicht der Fall ist.

Natürlich ist die Liste der sinnvollen Inhalte, die wir in diesem Kapitel aufgestellt haben, nicht notwendigerweise vollständig. Wie schon mehrfach erwähnt, muss jedes Projekt individuell entscheiden, welche Dokumentation in welchem Umfang sinnvoll ist. Man kann das nicht genug betonen. Trotzdem sollte dieses Kapitel einige gute Ansatzpunkte für die inhaltliche Gestaltung der Produkt- und Systemdokumentation geliefert haben.

Was steht als Nächstes an?

- Nachdem wir uns jetzt überlegt haben, welche Dokumente wir benötigen und welche Inhalte diese Dokumente enthalten sollen, steht jetzt das eigentliche Schreiben der Dokumente an.
- Im nächsten Kapitel betrachten wir daher Techniken, die unmittelbar beim Schreiben der Dokumentation zum Einsatz kommen. Wir werden sehen, welche Mittel und Wege es gibt, Dokumente strukturiert und übersichtlich zu gestalten.

6 Gestaltung einzelner Dokumente

Mittlerweile haben wir uns überlegt, welche Inhalte wir mit unserer Dokumentation abdecken wollen und in welchem Stil wir unsere Dokumente verfassen wollen. Wir haben uns dabei von den Prinzipien agiler Entwicklung leiten lassen. So haben wir versucht, den Umfang der Dokumentation auf ein sinnvolles Maß zu reduzieren und uns auf die verständliche Präsentation wichtiger Themen zu konzentrieren.

In diesem Kapitel beschäftigen wir uns mit der Gestaltung einzelner Dokumente. Wir gehen der Frage nach, wie sich Dokumente strukturieren lassen und welche Gestaltungsmittel wir einsetzen können. Dabei werden wir eine auch äußerlich ansprechende Dokumentation anvisieren.

Dieses Ziel ist nicht eben als Markenzeichen agil durchgeführter Projekte bekannt. Tatsächlich sind die Techniken, die wir in diesem Kapitel kennenlernen werden, auch nicht speziell für die Dokumentation in agilen Projekten sinnvoll, sondern sind generell Kennzeichen guter Dokumentation.

Ansprechende Dokumentation auch in agilen Projekten

Die Techniken stehen aber auch nicht im Konflikt zu agiler Entwicklung. Natürlich gibt es in einem (agilen) Entwicklungsprojekt oft Dringenderes zu tun, als sich um die Formatierung der Dokumentation Gedanken zu machen. Das bedeutet aber im Umkehrschluss nicht, dass in agilen Projekten die Dokumentation besonders schlampig aussehen sollte. Wenn wir uns entschieden haben, dass ein Dokument erforderlich ist (andernfalls schreiben wir es nicht), muss es unser Ziel sein, dieses Dokument auch so zu gestalten, dass es gut lesbar ist.

Dafür müssen wir zum Glück keinen hohen Aufwand treiben. Der wäre, insbesondere in einem agilen Kontext, auch nicht gerechtfertigt. Die Techniken, die wir in diesem Kapitel kennenlernen, lassen sich aber allesamt mit einfachen Mitteln umsetzen und tragen dennoch erheblich zur Lesbarkeit der Dokumentation bei.

Verhältnismäßigkeit des Aufwands

6.1 Klare Struktur

Kontext — Nachdem uns klar ist, dass wir ein bestimmtes Dokument benötigen und welchen Inhalt dieses Dokument haben soll, geht es nun ans eigentliche Schreiben.

Problem — **Wie können wir sicherstellen, dass sich die Leser leicht in einem Dokument zurechtfinden?**

Analyse — Ein technisches Dokument ist kein Roman. Einen Roman liest man von vorne bis hinten durch, natürlich mit gelegentlichen Unterbrechungen, aber doch in linearer Form. Ständiges Blättern von vorn nach hinten und zurück ist nicht vorgesehen.

Natürlich kann man Dokumente aus der Produkt- oder Systemdokumentation auch in einem Zug von vorn bis hinten durchlesen, und möglicherweise gehen Personen, die sich in ein Thema einlesen möchten, genau so vor. Oft werden Dokumente aber auch ganz anders genutzt.

Die typische Nutzung sieht so aus, dass Leser versuchen spezielle Informationen aufzufinden. Oft haben Leser eine konkrete Frage, auf die sie sich im Dokument eine Antwort erhoffen. Dokumente werden also genutzt, um Dinge nachzuschlagen.

Idealerweise nimmt die Struktur eines Dokuments darauf Rücksicht. Leser können viel mehr mit einem Dokument anfangen, das es ihnen leicht macht, nur den Teil des Texts zu lesen, der ihnen in der aktuellen Situation etwas nützt.

Lösung — **Jedes einzelne Dokument profitiert von einer klaren und übersichtlichen Struktur, die auch ein gewisses Maß an Querlesen erlaubt.**

Details — Im Einzelnen gibt es eine Vielzahl von Techniken, die zur sauberen Strukturierung eines Dokuments beitragen.

- Zunächst ist eine klare und übersichtliche Gliederung des Dokuments zu nennen, verbunden mit passenden und aussagekräftigen Kapitelüberschriften. Sinnvollerweise wählt man die Kapitel so, dass sich ihre Inhalte nicht überlappen. Genau das sollten auch die Kapitelüberschriften vermitteln.
- Generell empfiehlt sich ein relativ großzügiger Umgang mit Strukturierungsmechanismen. Im Zweifelsfall ist es sinnvoller, ein neues Kapitel hinzuzufügen, als einzelne Kapitel zu lang werden zu lassen. Für Unterkapitel gilt das Gleiche. Das bedeutet nicht, dass jeder Paragraph seine eigene Überschrift bekommen sollte, aber wenn (im Schnitt) nach vier bis fünf Absätzen eine neue Überschrift folgt, dann hilft das beim Querlesen.

Mithilfe von Formatierungstechniken wie Fettdruck oder Kursivschrift lassen sich einzelne Paragraphen aus einem Text hervorheben. Diese Technik kann man nutzen, um Kurzfassungen des Gesagten zu präsentieren. Einzelne hervorgehobenen Absätze, im Englischen *Thumbnail Sketches* genannt, fördern das Querlesen und das effiziente Auffinden von Informationen.

Die Abbildungen 6–1 und 6–2 verdeutlichen den Unterschied zwischen unstrukturierter und strukturierter Dokumentation.

CMS-Templates

Für die verschiedenen Dokumenttypen im CMS gibt es jeweils mehrere Templates (Renderer), die aus dem Content HTML-Fragmente erzeugen. Ein Template für eine ganze Seite ruft jeweils die Templates der Seitenelemente auf. Für jeden Dokumenttyp gibt es zumindest ein Template. Es kann aber auch mehrere Templates geben, die denselben Content in unterschiedlichem Layout darstellen. Zum Beispiel ruft das Template für eine Ankündigung renderAnnouncementPage() unter anderem renderTreeNavigation() und renderBreadcrumbNavigation() auf, die beide unterschiedliche Sichten auf die Navigation generieren.

Teilweise unterliegen die Templates dem Caching, wobei sich das Caching nicht auf personalisierten Content bezieht. Templates für personalisierte Seitenelemente werden als non-cacheable markiert. Templates, die non-cacheable Templates aufrufen, sind ebenfalls non-cacheable. Alle übrigen Template sind cacheable. Zum Beispiel ist der Haupt-Content einer Ankündigung (und damit der Großteil der Seite) cacheable. Die Login-Area hängt hingegen vom aktuellen Benutzer ab und ist non-cacheable.

Abb. 6–1
Ein unstrukturiertes Dokument

CMS-Templates

Für die verschiedenen Dokumenttypen im CMS gibt es jeweils mehrere Templates (Renderer), die aus dem Content HTML-Fragmente erzeugen.

- Ein Template für eine ganze Seite ruft jeweils die Templates der Seitenelemente auf.
- Für jeden Dokumenttyp gibt es zumindest ein Template. Es kann aber auch mehrere Templates geben, die denselben Content in unterschiedlichem Layout darstellen.

Beispiel:
Das Template für eine Ankündigung renderAnnouncementPage() ruft unter anderem renderTreeNavigation() und renderBreadcrumbNavigation(), die beide unterschiedliche Sichten auf die Navigation generieren.

Teilweise unterliegen die Templates dem Caching, wobei sich das Caching nicht auf personalisierten Content bezieht.

- Templates für personalisierte Seitenelemente werden als non-cacheable markiert.
- Templates, die non-cacheable Templates aufrufen, sind ebenfalls non-cacheable.
- Alle übrigen Template sind cacheable.

Beispiel:
Der Haupt-Content einer Ankündigung (und damit der Großteil der Seite) ist cacheable. Die Login-Area hängt hingegen vom aktuellen Benutzer ab und ist non-cacheable.

Abb. 6–2
Dasselbe Dokument, diesmal in strukturierter Form

Dass sich Leser in der zweiten Variante besser zurechtfinden, sollte evident sein. (Interessanterweise ist es allerdings die zweite Variante, die mehr Platz benötigt – wir sollten also nicht um jeden Preis möglichst kurze Dokumente anstreben. Wenn eine bessere Strukturierung etwas mehr Raum benötigt, dann ist das gerechtfertigt.)

Eine saubere Dokumentenstruktur ist aber auch eine Frage des Inhalts. Es trägt immens zur Übersichtlichkeit eines Dokuments bei, wenn wir Aspekte klar trennen, die zwar in Zusammenhang stehen mögen, einen Sachverhalt aber aus unterschiedlichen Perspektiven beleuchten. Beispiele für Inhalte, die wir voneinander trennen sollten, sind die folgenden:

- fachliche Betrachtung vs. technische Betrachtung
- Design und Konstruktion vs. Betrieb und Nutzung
- objektives Wissen (Analyse) vs. subjektives Wissen (Bewertung)

Wenn wir für derart unterschiedliche Perspektiven jeweils eigene Kapitel oder Unterkapitel einrichten, ist, was die klare Struktur eines Dokuments anbetrifft, schon einiges getan.

> **Objektives und subjektives Wissen in IT-Projekten**
>
> Im Hinblick auf die empfohlene Trennung objektiven und subjektiven Wissens mag man einwenden, dass subjektives Wissen eigentlich in IT-Projekten keine Rolle spielen sollte. Die IT ist schließlich ein sachliches Business, das sich nicht an Stimmungen und Gefühlen orientiert.
>
> Tatsächlich sollten wir uns in unseren Entscheidungen im Projekt nicht von vagen Stimmungen leiten lassen. Trotzdem müssen wir anerkennen, dass (durchaus subjektive) Erfahrungswerte und Meinungen manchmal eine große Rolle spielen. Das ist auch völlig in Ordnung so. Häufig kommt beides zusammen, zum Beispiel wenn ein objektiver Kriterienkatalog für die Auswahl eines Designs oder eines Tools erarbeitet wird, für die Entscheidung aber auch das Bauchgefühl eine Rolle spielt, welcher Designvorschlag oder welches Tool die wesentlichen Kriterien am besten erfüllt.
>
> Was die Dokumentation angeht, ist es legitim, sowohl objektives Wissen aufzuschreiben als auch subjektive Meinungen und Bewertungen, die für die Entwicklung des Projekts von Bedeutung sind. Wichtig ist allerdings, beides voneinander zu trennen und nicht persönliche Meinungen als Fakten auszugeben. Das ist ein grundlegendes Prinzip, das auch zum guten Journalismus gehört: Gute Zeitungen trennen sauber zwischen Fakten (zum Beispiel einer Reportage) und Meinungen (zum Beispiel dem Leitartikel).
>
> Getrennte Kapitel für Analyse (Fakten) und Bewertung (Meinungen) sind also geboten. Insbesondere bei der Dokumentation von MOTIVATION, BEGRÜNDUNGEN UND ALTERNATIVEN (5.2) sollten wir dieses Prinzip beachten.

Letztlich trägt auch eine klare Sprache zur Verständlichkeit eines Dokuments bei. Eine ganze Reihe von Tipps finden sich in der einschlägigen Literatur (z.B. [Schneider 1996] und [Schneider 1999]).

Diskussion

Die Empfehlung einer klaren Struktur gilt für sämtliche Dokumente, die im Projektkontext entstehen. Sie gilt gleichermaßen für System- wie für Produktdokumentation und sie gilt für sämtliche denkbaren Formate, einschließlich traditioneller Dokumente, Onlinedokumente und Wiki-Dokumente.

Ein MASSVOLLER EINSATZ VON DIAGRAMMEN (6.3) und ein VERBREITETER EINSATZ VON TABELLEN (6.4) ist in fast allen Fällen hilfreich. Andere Strukturierungsmittel hängen vom gewählten Format ab. Während uns bei traditionellen Dokumenten die üblichen Formatierungstechniken der Textverarbeitung zur Verfügung stehen, haben Online- und Wiki-Dokumente zusätzlich den Charakter von Hypertext. Durch REICHHALTIGE VERKNÜPFUNGEN (6.5) können wir sowohl die Gesamtdokumentation als auch einzelne Dokumente weiter strukturieren.

6.2 Richtlinien für die Leser

Wenn wir ein Dokument schreiben, ist unser wichtigstes Ziel, den Nutzen für die Leser sicherzustellen. Aus diesem Grund bemühen wir uns bereits um eine KLARE STRUKTUR (6.1). Es gibt aber noch weitere Techniken, mit denen sich der Nutzen für die Leser erhöhen lässt.

Kontext

Wie lässt sich vermeiden, dass Leser Zeit in Dokumente investieren, die ihre Fragen dann doch nicht beantworten?

Problem

Natürlich hat unser Dokument einen bestimmten Leserkreis. Wenn wir nicht sagen könnten, an wen sich das Dokument richtet, dann würden wir es gar nicht erst schreiben – die ORIENTIERUNG AM LESERKREIS (2.1) ist eine der Kernideen hinter agiler Dokumentation.

Analyse

Eine andere Frage ist allerdings, ob potenziellen Lesern auch klar ist, dass sich ein Dokument an sie richtet. Natürlich verrät der Titel einiges darüber, worum es in einem Dokument geht. Was der Titel aber beispielsweise nicht sagt, ist, welche Vorkenntnisse zum Verständnis erforderlich sind oder auf welche Version der Software sich das Dokument bezieht.

Solche Dinge sind für potentielle Leser aber schon wissenswert. Nichts ist ärgerlicher, als Zeit in das Lesen eines Dokuments zu investieren, nur um dann festzustellen, dass das, was man erfahren hat, nicht zur Fragestellung passt.

Lösung Jedes Projektdokument sollte mit Richtlinien für die Leser beginnen, die in kurzer und prägnanter Form klarmachen, für wen und in welcher Situation das Dokument geeignet ist.

Details Diese Richtlinien müssen nicht (und sollten auch nicht) lang sein: Eine Tabelle oder ein Paragraph reicht völlig aus. Essenziell sind sie trotzdem, weil sie den potenziellen Lesern wichtige Metainformationen über das Dokument geben:

- Die Richtlinien nennen den potenziellen Leserkreis.
- Sie nennen darüber hinaus die Voraussetzungen für das Verständnis des Texts.
- Sie informieren außerdem darüber, auf welche Software sich das Dokument genau bezieht, beispielsweise durch Nennung der Softwareversion.
- Schließlich geben die Richtlinien den aktuellen Status des Dokuments wieder. Typische Status sind »in Arbeit«, »abgeschlossen« oder »veraltet«.

Es ist dabei kein Problem, wenn ein Dokument eine ganze Zeitlang im Status »in Arbeit« bleibt. Im Gegenteil, in agilen Projekten ist es natürlich, wenn Dokumente im Laufe der Zeit Stück für Stück entstehen – die INKREMENTELLE DOKUMENTATION (4.4) bringt genau das mit sich. In einzelnen Fällen mag auch »veraltet« ein zulässiger Status sein, nämlich dann, wenn es sich nicht mehr lohnt, ein Dokument auf dem aktuellen Stand zu halten, einige der Informationen aber trotzdem noch wissenswert sind.

Neben dem Status eines Dokuments wird als weitere Metainformation manchmal auch die komplette Dokumenthistorie aufgeführt. Das mag in manchen Fällen sinnvoll sein, in anderen eher nicht.

Diskussion Für Dokumente, die in einem WIKI (3.2) abgelegt werden, gibt es eine weitere Möglichkeit, Metainformationen zu hinterlegen. Diese Möglichkeit besteht in der Definition geeigneter Schlagwörter, englisch *Tags*. Beispiele für Schlagwörter sind »Projekteinstieg«, »Toolauswahl« oder »IP-Adresse«. Im Wiki kann nach solchen Schlagwörtern gesucht werden, weswegen sie (zusammen mit den Richtlinien in Form eines kurzen Abschnitts) zur Orientierung der Leser beitragen.

6.3 Maßvoller Einsatz von Diagrammen

Nachdem wir Klarheit über die allgemeine Struktur eines Dokuments haben, sind wir jetzt damit beschäftigt, den eigentlichen Text zu verfassen. Dabei sind wir natürlich nach wie vor um Verständlichkeit bemüht. *Kontext*

Wie lassen sich Strukturen, Prozesse und Zusammenhänge gut veranschaulichen? *Problem*

Wir alle kennen das Sprichwort: Ein Bild sagt mehr als tausend Worte. Weil Bilder auf intuitiver Ebene wirken, lassen sich mit ihnen Dinge ausdrücken, die manchmal nur schwer in Worte zu fassen sind. Zu diesem Thema gibt es eine Reihe von Analysen. Beispielsweise hat der amerikanische Wissenschaftler Edward Tufte eine Vielzahl von Untersuchungen angestellt, die allesamt belegen, dass Diagramme für das Verständnis von technischer Materie hilfreich sind [Tufte 1992; Tufte 1997]. *Analyse*

Entsprechend beliebt sind Diagramme in technischen Dokumenten. Das jedenfalls gilt für die Leser, weil sie sich dann leichter tun, ein möglicherweise anspruchsvolles Thema zu verstehen.

Aufseiten der Autoren sieht die Sache manchmal etwas anders aus. Diagramme sind in der Herstellung relativ »teuer«, insofern, als es einige Zeit in Anspruch nehmen kann, bis man ein gutes Diagramm entworfen hat. Man muss sich nicht nur Gedanken darüber machen, was genau im Diagramm dargestellt werden soll. Auch das eigentliche Zeichnen dauert einige Minuten – in der Regel länger, als man für einen kurzen Text benötigen würde. Infolgedessen wird die Erstellung der Dokumentation aufwendiger, je mehr Diagramme in ein Dokument aufgenommen werden.

Man kann also auch des Guten zu viel tun. In einem agilen Kontext muss der Arbeitsaufwand angemessen sein, auch dann, wenn das Ergebnis der Arbeit prinzipiell sinnvoll ist.

Der punktuelle Einsatz von Diagrammen trägt spürbar zur Verständlichkeit der Materie bei. *Lösung*

Wichtig ist, dass wir Diagramme genau dann einsetzen, wenn sie tatsächlich mehr aussagen, als man mit einem kurzen Text ausdrücken könnte. In diesen Fällen ist der Aufwand für ihre Erstellung gerechtfertigt. Typische Beispiele dafür sind: *Details*

- DER GROSSE ÜBERBLICK (5.1)
  Egal, ob sich der Überblick auf eine Softwarearchitektur, eine Applikationslandschaft oder eine Prozessbeschreibung bezieht: Wenn es um die Darstellung des großen Ganzen geht, ist häufig ein Diagramm geboten.

- Designdiagramme
  Auch auf der etwas feiner granularen Ebene können Diagramme sinnvoll sein, um den Zusammenhang zwischen Komponenten zu erläutern. Zu nennen sind beispielsweise UML-Diagramme.
- GUI-Skizzen
  Wenn wir zu Beginn eines Entwicklungszyklus festhalten möchten, wie die Benutzeroberfläche der Software aussehen soll, führt an grafischen Skizzen kein Weg vorbei. Weit verbreitet sind sog. Wireframes, die grob den strukturellen Aufbau der Benutzeroberfläche (Webseiten, Eingabemasken oder dergleichen) zeigen.
- Screenshots
  Letztlich fallen auch Screenshots in die Kategorie der grafischen Elemente. Screenshots der fertiggestellten Software eignen sich vor allem für Nutzungshandbücher, insbesondere solche, die als DREHBUCH (5.3) verfasst werden.

Die Abbildungen 6–3 und 6–4 zeigen zwei Beispiele für den Einsatz von Diagrammen: zum einen eine Architekturbeschreibung, zum anderen ein Designdiagramm.

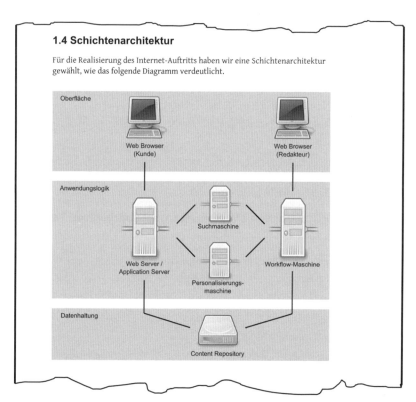

Abb. 6–3
Einsatz von Diagrammen: Architekturüberblick

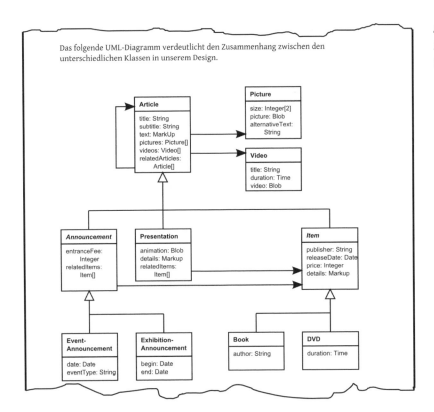

Abb. 6–4
Einsatz von Diagrammen:
UML-Diagramm

Die oben genannte Liste für den Einsatz von Diagrammen ist nicht erschöpfend – es gibt noch weitere Fälle, in denen Diagramme hilfreich sein können. Letztlich muss jeder Autor selbst entscheiden, ob er sich die Mühe machen will, für einen bestimmten Zweck ein Diagramm anzufertigen. Wie so oft in der agilen Entwicklung ist es auch hier richtig, bewusst zwischen Nutzen und Aufwand abzuwägen.

Zu beachten ist außerdem, dass Diagramme allein oft nicht ausreichen, um einen Sachverhalt zu beschreiben. Diagramme dienen der Veranschaulichung, ersetzen aber nicht den Text, der einen Sachverhalt erklärt. Gerade vor dem Hintergrund, dass es das Ziel guter Dokumentation sein muss, auch auf MOTIVATION, BEGRÜNDUNGEN UND ALTERNATIVEN (5.2) einzugehen, wird klar, dass Diagramme den Text nicht ersetzen, sondern dass sich beide gegenseitig ergänzen.

Bei der Erstellung von Diagrammen sind wir auf geeignete Werkzeuge angewiesen. Wir sollten uns dabei auf WENIGE EINFACHE TOOLS (3.1) beschränken, mit denen wir gute Erfahrungen gemacht haben. Vorsicht geboten ist bei sehr komplexen Tools, die vielleicht in ihrem Funktionsumfang sehr mächtig sein mögen, deren Nutzung die Erstellung der Dokumentation aber unnötig verkompliziert.

Diskussion

Erfreulicherweise ist vor allem die Integration von Diagrammen in Wikis in den letzten Jahren einfacher geworden. Bis vor einiger Zeit war das eine der großen Schwächen von Wikis: Um einen Text mit Diagrammen zu versehen, mussten die Diagramme mühsam mit einem externen Editor erstellt und anschließend integriert werden, wobei auch die Darstellung innerhalb des Wikis oft nicht besonders gelungen war. Heute bieten viele Wikis Plug-ins zur Erstellung von Diagrammen an, die oft recht einfach zu benutzen sind.

Als Alternative zu am Computer gezeichneten Diagrammen bleibt natürlich noch die Möglichkeit, handgezeichnete Diagramme in ein digitales Format zu überführen und in die Dokumentation zu integrieren. Manche Verfechter agiler Methoden empfehlen die Nutzung einer Digitalkamera zu Dokumentationszwecken – die Nutzung eines interaktiven Whiteboards, das handgezeichnete Diagramme in digitale Bilder verwandelt, ist eine moderne Variante desselben Prinzips. In Dokumenten, die nach außen gereicht werden (wie beispielsweise Nutzungshandbücher), mögen derartige Diagramme etwas unpassend erscheinen. Für die (primär intern genutzte) Systemdokumentation sind sie aber völlig legitim und ein guter Weg, mit vergleichsweise geringem Aufwand zu einer übersichtlichen Darstellung zu kommen.

6.4 Verbreiteter Einsatz von Tabellen

Kontext   Wir haben gesehen, dass ein MASSVOLLER EINSATZ VON DIAGRAMMEN (6.3) zur Verständlichkeit eines Dokuments beiträgt. Es gibt aber weitere Techniken, mit denen wir die Verständlichkeit eines Dokuments erhöhen können.

Problem   **Wie lassen sich Informationen auf eindeutige Art und Weise und klar strukturiert vermitteln?**

Analyse   In der IT haben wir es oft mit systematischen Informationen zu tun. Klassifikationen, Fallunterscheidungen und dergleichen spielen immer wieder eine große Rolle. Eine systematische Herangehensweise hilft bei der Entwicklung von Software genau wie bei ihrer Nutzung.

Eine derart systematische Sicht auf die Dinge sollte sich idealerweise auch in der Dokumentation von Software widerspiegeln. Dies kommt zum einen der Sichtweise vieler Softwareentwickler entgegen, zum anderen aber auch, gerade im Hinblick auf die Produktdokumentation, den Nutzern der Software, weil eine systematisch gestaltete Betriebs- und Nutzungsdokumentation dabei hilft, die Software erfolgreich einzusetzen.

Ein verbreiteter Einsatz von Tabellen ermöglicht die systematische und übersichtliche Präsentation von Informationen.

Lösung

Tabellen haben den unschlagbaren Vorteil, dass sie zum einen zur Systematik der Darstellung beitragen und zum anderen leicht zu erstellen sind. Informationen tabellarisch aufzubereiten ist wirklich sehr einfach, unabhängig davon, welches Dokumentationsformat wir wählen: Es funktioniert bei traditionellen Textverarbeitungssystemen genauso einfach wie im Wiki.

Details

Wir alle kennen typische Fälle, in denen Tabellen immer wieder zum Einsatz kommen:

- Ein erstes Beispiel sind Zuordnungen beliebiger Art. Das mag sich um Key-Value-Paare innerhalb der Dokumentation der Systemkonfiguration handeln oder um die Projektrollen und die Personen, die diese Rollen ausfüllen. Wann immer wir eine systematische Zuordnung beschreiben wollen, ist eine Tabelle angebracht.
- Gleiches gilt für eine Gegenüberstellung von Vor- und Nachteilen, wie sie immer mal wieder in unserer Dokumentation vorkommt. Auch hier gewinnt die Darstellung durch eine Tabelle an Übersichtlichkeit.
- Ähnlich lässt sich argumentieren, wenn wir einen Vergleich verschiedener Optionen anhand unterschiedlicher Kriterien beschreiben, wie er zum Beispiel in einem Produktvergleich vorkommt.
- Ein weiterer typischer Einsatz einer Tabelle ist die Auflistung einer Abfolge, beispielsweise im Rahmen einer Darstellung als DREHBUCH (5.3), wie wir sie zum Beispiel in Nutzungs- und Installationshandbüchern benötigen.

Abbildung 6–5 zeigt beispielhaft den Ausschnitt eines Dokuments, in dem eine Tabelle prominent zum Einsatz kommt. Es lässt sich leicht vorstellen, dass eine Darstellung ohne Tabelle weit weniger übersichtlich wäre.

Ähnlich wie Bilder sind auch Tabellen kein vollständiger Ersatz für Fließtext. Damit klar ist, worauf sich eine Tabelle bezieht und wie sie zustande gekommen ist, sollte sie auf jeden Fall in den Text eingebettet sein.

Abb. 6–5

Einsatz von Tabellen: Auflistung mit Zuordnung

Auswahl des Dokumenttyps

Für die Dokumente, die redaktionell im CMS gepflegt werden, stehen unterschiedliche Dokumenttypen zur Verfügung, die sich im Hinblick auf ihre Darstellung auf der Website unterscheiden. Als Redakteur treffen Sie die Entscheidung, welchen Dokumenttyp Sie verwenden möchten.

Dokumenttyp	Name im CMS	Bedeutung
Artikel	Article	Ein Artikel allgemeiner Art, zur Verwendung auf der gesamten Website
Veranstaltungs-ankündigung	EventAnnouncement	Ankündigung von Veranstaltungen einschl. Datum und Eintrittspreisen
Ausstellungs-ankündigung	ExhibitionAnnouncement	Ankündigung von Ausstellungen einschl. Zeitraum und Eintrittspreisen
Präsentation	Presentation	Präsentation, ggfs. mit Animation und Detailinformationen
Buch-beschreibung	Book	Vorstellung eines Buchs in unserem Shop, mit Detailinfos und Preisangabe
DVD-Beschreibung	DVD	Vorstellung einer DVD in unserem Shop, mit Detailinfos und Preisangabe
Bild	Picture	Bild (PNG oder JPG), mit Alternativtext, zur Verwendung in beliebigen Artikeln
Video	Video	Video, mit Angabe der Dauer, zur Verwendung in beliebigen Artikeln

Wenn Sie ein neues Dokument anlegen, wählen Sie den gewünschten Dokumenttyp aus dem Kontextmenü aus.

Diskussion Wenngleich es sowohl in Textverarbeitungssystemen als auch in Wikis relativ einfach ist, Tabellen einzurichten, ist aus praktischen Gründen im Hinblick auf Wikis doch noch eine Warnung angebracht.

Wenn wir ein WIKI (3.2) nutzen, können Tabellen potenziell beliebig breit werden. Zur Not muss man beim Betrachten der Tabelle eben scrollen.

Sind wir allerdings auf eine PDF-Generierung aus dem Wiki heraus angewiesen, müssen wir aufpassen. Tabellen mit sehr vielen Spalten sehen im Generat meistens nicht schön aus (selbst wenn man Querformat einstellt) und sind (bei manchen Wikis) kaum mehr lesbar. Das ist natürlich kein Argument dafür, bei der Nutzung eines Wikis auf Tabellen zu verzichten. Wenn aber Interesse an einer PDF-Generierung besteht, sind der Breite der Tabelle doch Grenzen gesetzt.

6.5 Reichhaltige Verknüpfungen

Beim Schreiben unserer Dokumente sind wir um eine prägnante Darstellung bemüht. Insbesondere sind redundante Passagen nicht eben wünschenswert. *Kontext*

Wie lassen sich Überschneidungen zwischen verschiedenen Dokumenten weitgehend vermeiden? *Problem*

Themen, die wir in IT-Dokumenten behandeln, sind fast nie in sich abgeschlossen. Fast immer existieren Bezüge zu benachbarten Themen und natürlich auch zu der Software selbst. *Analyse*

Würden wir in unserer Dokumentation jedes Thema überall dort, wo es eine Rolle spielt, ausführlich behandeln, dann müssten wir viele Dinge immer wieder beschreiben. Das tun wir natürlich nicht, denn Redundanz ist in der Dokumentation genauso unerwünscht wie in der Software. Sie führt nur dazu, dass erhöhter Aufwand beim Schreiben entsteht und dass sich eher früher als später Widersprüche in die Dokumentation einschleichen.

Stattdessen ist es üblich, Querverweise auf andere Dokumente zu setzen. Bei traditionellen Dokumenten (gerade wenn sie ausgedruckt auf Papier vorliegen) ist das noch mit dem Nachteil verbunden, dass die Leser möglicherweise wichtige Information in einem anderen Dokument nachschlagen müssen. Bei Onlinedokumentation besteht dieser Nachteil nicht mehr: Sind die Querverweise gut gesetzt, ist die benötigte Information nur noch einen Mausklick entfernt.

Onlinedokumente sollten die Möglichkeit nutzen, mit Hyperlinks auf andere Dokumente zu verwandten Themen zu verweisen bzw. auf Abschnitte, Textpassagen oder Abbildungen darin. *Lösung*

Im Detail betrachtet gibt es verschiedene Möglichkeiten, Verweise auf andere Dokumente einzusetzen. *Details*

- Die klassische Art, Hyperlinks zu verwenden, besteht darin, tatsächlich einen Verweis auf ein anderes (elektronisch vorliegendes) Dokument zu setzen, dem die Leser dann folgen können, um das referenzierte Dokument zu betrachten. Wir alle kennen diese Technik von unzähligen Webseiten.
- Viele Wikis bieten außerdem die Möglichkeit, in eine gegebene Seite andere Seiten logisch zu inkludieren, also das Material einzubinden, ohne es zu duplizieren. Auf diese Art und Weise gelingt es, Material an mehreren Stellen innerhalb der Dokumentation erscheinen zu lassen, es aber trotzdem nur an einer einzigen Stelle pflegen zu müssen.

Es kommt der Nutzung von Querverweisen und Inklusionsmechanismen zugute, wenn die Gesamtdokumentation tendenziell aus einer größeren Menge von kleineren Dokumenten besteht, im Gegensatz zu wenigen, dafür aber langen und eher monolithischen Dokumenten. Beispielsweise ist es sehr viel leichter, einen präzisen Querverweis auf ein Thema zu setzen, wenn diesem Thema im WIKI (3.2) eine eigene Seite gewidmet ist, und es sich nicht nur als eine Passage auf einer langen Seite zwischen vielen anderen Inhalten wiederfindet. Natürlich kann man oft auch Verweise auf Anker innerhalb von Seiten setzen und so auf einzelne Seitenelemente verweisen. Wirklich übersichtlich ist diese Technik aber nicht (und bei vielen Wikis ist ihre Verwendung auch etwas mühsam). Bei der Nutzung von Inklusionsmechanismen würden allerdings nicht einmal Anker helfen. Hier sind wir regelrecht darauf angewiesen, dass die Information, die wir inkludieren möchten, auf einer separaten Seite vorliegt.

Wir sollten diese Überlegung im Hinterkopf behalten, wenn wir unsere Dokumentation im Wiki (oder in einem anderen Onlinemedium) strukturieren. Im Sinne einer guten Verknüpfbarkeit von Informationen ist die Strategie der kleinen Seiten hilfreich: Wir sollten für ein neues Thema im Zweifelsfall eher eine neue Seite anlegen und diese geeignet referenzieren, anstatt immer mehr Material auf bereits existierenden Seiten unterzubringen. Nebenbei bringt uns diese Strategie auch noch den ergonomischen Vorteil, dass wir seltener scrollen müssen, um auf einer bestimmten Seite zu der gewünschten Information zu gelangen.

Durch die konsequente Verwendung von Hyperlinks gelingt es uns nicht nur, unsere Dokumentation weitgehend redundanzfrei zu gestalten. Im Fall der Systemdokumentation kommt noch hinzu, dass wir uns durch die reichhaltigen Verknüpfungen auf den Weg hin zu einer DOKUMENTATIONSLANDSCHAFT (7.2) begeben, in der Dokumente, die in Bezug zueinander stehen, auch tatsächlich miteinander verbunden sind.

Diskussion In der Diskussion über neue Medien wird immer wieder die Befürchtung geäußert, dass Hypertext für konzentriertes Lesen ungeeignet ist, weil die Vielzahl der Hyperlinks von der eigentlichen Argumentationskette ablenken. Vieles spricht dafür, dass diese Befürchtung im Prinzip berechtigt ist (und dass für eine intellektuelle Beschäftigung mit einem Thema traditionelle Bücher unverzichtbar sind).

Allerdings betrifft diese Kritik die Produkt- und Systemdokumentation von Software bestenfalls am Rande. Dokumentation wird typischerweise nicht von vorn bis hinten am Stück gelesen, sondern eher zum Auffinden von Informationen genutzt. Für diesen Zweck ist Hypertext aber definitiv geeignet.

6.6 Leserfreundliches Layout

Wenn wir ein Dokument strukturiert, ausformuliert und mit Tabellen und Diagrammen versehen haben, bleibt schließlich noch die Frage nach der Formatierung. Natürlich hängt es vom gewählten Werkzeug ab, welche Formatierungsmöglichkeiten uns überhaupt zur Verfügung stehen. In einem WIKI (3.2) sind die Formatierungsmöglichkeiten (aus gutem Grund) begrenzt, während wir in einem traditionellen Textverarbeitungssystem mehr Freiraum in der Gestaltung unserer Dokumente haben.

Kontext

Wie können wir vermeiden, dass der äußere Eindruck eines Dokuments die Lesbarkeit beeinträchtigt?

Problem

Der amerikanische Typografieexperte Miles Tinker hat in der Mitte des letzten Jahrhunderts einen Großteil seines wissenschaftlichen Engagements der Frage gewidmet, wie sich die Formatierung von Text auf dessen Lesbarkeit auswirkt. Er hat dabei einige bemerkenswerte Erkenntnisse zu Tage gefördert [Tinker 1963]. Beispielsweise benötigt man, um einen Text zu lesen, der nur aus Großbuchstaben besteht, ca. 20 Prozent mehr Zeit, als wenn der Text korrekt gesetzt wäre. Der Grund dafür ist, dass geübte Leser Wörter oder Wortbestandteile oft schon an ihrem Umriss erkennen, also an Ober- und Unterlängen. Wenn ausschließlich Großbuchstaben vorhanden sind, haben sie diese Chance nicht. (Vor diesem Hintergrund kann man nur den Kopf schütteln angesichts der Angewohnheit mancher Softwarehersteller, die wesentlichen Bestandteile ihrer Lizenzvereinbarungen in Großbuchstaben zu setzen – so, als ob sichergestellt werden sollte, dass genau diese Textpassagen nicht gelesen werden.)

Analyse

Es gibt noch eine Vielzahl weiterer Formatierungselemente, die sich auf die Lesbarkeit eines Texts auswirken. Manche davon hat Miles Tinker beschrieben, andere finden sich in der (reichhaltigen) Literatur zur Typografie. Sehr hilfreich ist in diesem Zusammenhang das Buch von Jürgen Gulbins und Christine Kahrmann [Gulbins/Kahrmann 1992].

Viele dieser Formatierungselemente betreffen gedruckten Text. Damit gelten sie für unsere Dokumentation nur eingeschränkt, weil diese zu einem beträchtlichen Teil online genutzt wird. Andererseits gibt es aber auch Formatierungsregeln, die online ebenso gelten wie in gedrucktem Text. Schließlich müssen wir damit rechnen, dass zumindest manche unserer Dokumente auch ausgedruckt werden, was ja auch der Grund dafür ist, dass wir uns um BEDARFSGERECHTE FORMATE (3.3) bemühen.

In der Summe lässt sich sagen, dass ein schlechtes Layout nicht nur unhöflich gegenüber dem Leser ist, sondern tatsächlich auch die Lesbarkeit eines Dokuments beeinträchtigt. Mit jedem Verstoß gegen die Regeln von Formatierung und Typografie steigt das Risiko, dass ein Leser von der eigentlichen Tätigkeit, nämlich dem Verstehen des Texts, abgelenkt wird.

Andererseits sollten wir die Messlatte auch nicht zu hoch legen: An Projektdokumente werden sicher nicht die gleichen Anforderungen gestellt wie an Bücher oder Zeitschriften. Abgesehen davon besteht die Aufgabe der Teammitglieder in einem Softwareprojekt nicht darin, sich umfassende Gedanken über die Formatierung der Dokumentation zu machen.

Lösung **Auch die Dokumentation in IT-Projekten profitiert von einem ansprechenden und leserfreundlichen Layout. Idealerweise stehen für unterschiedliche Dokumenttypen geeignete Templates zur Verfügung.**

Details Unser Ziel sollte sein, für die gesamte Dokumentation mit möglichst geringem Aufwand ein vernünftiges Layout zu erreichen. Was wir dafür tun können, hängt von der jeweiligen Plattform ab, auf der ein Dokument entsteht.

- Bei der Nutzung eines Textverarbeitungssystems nutzen wir idealerweise Templates, sofern denn brauchbare Templates vorhanden sind. Bei den Formatierungen, die darüber hinaus nötig sind, beachten wir einige elementare Layoutregeln.
- Bei der Nutzung eines Wikis geschieht ein Teil der Formatierung automatisch (und auch hier kommen möglicherweise Templates zum Einsatz). Für das Aussehen einer druckbaren Fassung ist primär die PDF-Generierung zuständig. Trotzdem bleiben auch hier Stellschrauben bei der Formatierung. Die entsprechenden Freiheitsgrade sollten wir sinnvoll nutzen.

Es bleibt die Frage, auf welche Regeln wir bei der Formatierung denn achten sollen. Was macht ein gutes Layout aus?

Tabelle 6–1 gibt eine Reihe elementarer Layoutprinzipien wieder, die sich über Jahre hinweg bewährt haben, weil sie das Lesen eines Texts erheblich erleichtern. Einige dieser Prinzipien treffen nur auf gedruckte Texte zu, weil Onlinetexte in Fenstern variabler Größe dargestellt werden. Andere sind für beide Plattformen gültig. Weitere Details zu den in der Tabelle genannten Techniken sind unter anderem im Buch *Agile Documentation* beschrieben [Rüping 2003].

Aspekt	Onlinetext	gedruckter Text
Seiten-geometrie	–	Seiten sollten nicht überfüllt sein, sondern ausreichend (unbedruckten) Rand enthalten. Als Daumenregel gilt, dass der Satzspiegel (ohne Kopf- und Fußzeilen) 50 % bis max. 70 % der Fläche einer Seite einnehmen sollte (vgl. Abb. 6–8).
Paginie-rung	–	Seitenumbrüche sollten nie unmittelbar nach Überschriften oder innerhalb einzelner Tabellenzellen erfolgen. Auch sollten Paragraphen immer so getrennt werden, dass auf beiden Seiten zumindest 2 Zeilen übrig bleiben.
Zeilen-breite	–	Die Breite des Satzspiegels sollte so gewählt sein, dass ungefähr 2 kleingeschriebene Alphabete auf eine Zeile passen. Bei einer DIN-A4-Seite im Hochformat und der Verwendung einer üblichen Schriftgröße (z.B. 11 Punkt) ist die Einhaltung dieser Regel bei einer vernünftigen Seitengeometrie bereits einigermaßen sichergestellt.
Schrift-arten	Ein Text kommt in der Regel mit 1 bis 2 Schriftarten aus. Für Überschriften und Haupttext wird in der Regel eine serifenlose Schrift (in verschiedenen Größen) genutzt (vgl. Abb. 6–7). Bei Bedarf kann eine weitere Schrift mit fester Zeichenbreite für Codebeispiele verwendet werden. Weitere Schriftarten sind unnötig.	Ein Text kommt in der Regel mit 2, evtl. 3 Schriftarten aus: eine serifenlose Schrift (in verschiedenen Größen) für Überschriften und eine weitere Schrift, üblicherweise mit Serifen, für den Haupttext (vgl. Abb. 6–7). Bei Bedarf kann eine weitere Schrift mit fester Zeichenbreite für Codebeispiele genutzt werden. Die Verwendung weiterer Schriftarten gilt als unpassend.
Typvaria-tionen	Kursivschrift und Fettdruck sind geeignet, um Text hervorzuheben. Text nur in Großbuchstaben (»all caps«) ist völlig unpassend, auch in Überschriften (vgl. Abb. 6–6). Für Hyperlinks sind Unterstreichungen üblich.	Kursivschrift und Fettdruck sind geeignet, um Text hervorzuheben. Text nur in Großbuchstaben (»all caps«) ist völlig unpassend, auch in Überschriften (vgl. Abb. 6–6). Auch Unterstreichungen kommen nicht in Frage.

Tab. 6–1
Layoutprinzipien für Onlinetext und gedruckten Text

> **Spielt das Layout der Dokumente in einem agilen Projekt eine Rolle?**
>
> Manche Verfechter eines agilen Vorgehens werden diese Frage mit nein beantworten. Ihre Antwort verweist üblicherweise auf das Agile Manifest, demzufolge Dokumentation ohnehin weniger wichtig als Software ist, und folgt ansonsten der Argumentation, dass es völlig nebensächlich sei, ob ein Dokument gut oder schlecht formatiert ist.
>
> Diese Argumentation enthält einen wahren Kern. Ein Projekt, das ambitionierte Ziele verfolgt und engagiert daran arbeitet, Software bis zu einem bestimmten Termin fertigzustellen, hat selbstverständlich kein Interesse daran, viel Zeit in die Formatierung der Dokumentation zu investieren.
>
> Darum geht es hier aber auch gar nicht. Die Tipps, die das Layout von Dokumenten betreffen, fordern eben nicht dazu auf, zusätzliche Zeit in deren Gestaltung zu investieren. Sie sagen nur, welche Stellschrauben es gibt, um Dokumente lesbarer zu gestalten. Dieses Wissen einzusetzen, kostet überhaupt keine Zeit, es führt aber zu Dokumenten, die sich durch eine höhere Lesbarkeit auszeichnen. Das ist auch in einem agilen Projekt ein legitimes Ziel.

Darüber hinaus gibt es eine Vielzahl weiterer Formatierungstechniken [Gulbins/Kahrmann 1992; West 1990]. Letztlich ist die Typografie eine Wissenschaft für sich. Die genannten Regeln sind aber diejenigen, auf die wir uns bei der Formatierung unserer Dokumente konzentrieren können. In einem agilen Projekt ist immer ein praktikables Vorgehen gefragt, und genau das liefern die oben genannten Regeln, weil sie die wichtigsten Anforderungen an eine vernünftige Formatierung abdecken und gleichzeitig den Vorteil haben, sehr leicht umsetzbar zu sein. Ihre Anwendung ist eben nicht mit großem Aufwand verbunden.

Diskussion Am leichtesten anzuwenden sind die Regeln, wenn sie bereits Bestandteil von Templates sind, die wir im Projekt nutzen können.

Solche Templates bereitzustellen, ist aber definitiv nicht Aufgabe eines Entwicklungsprojekts, egal, ob es sich um ein agil durchgeführtes Projekt handelt oder nicht. Tatsächlich ist es die Aufgabe derjenigen Personen innerhalb einer Organisation, die generell (und damit projektübergreifend) für die Auswahl und den Betrieb von Dokumentationswerkzeugen zuständig sind, seien das nun Textverarbeitungssysteme, Wikis oder anderes. Sinnvollerweise erarbeiten diese Personen auch die passenden Templates, mit denen die Systeme genutzt werden können. Passiert das nicht und gibt es keine passenden Templates, dann kann das Entwicklungsteam daran nichts ändern.

50%
50%

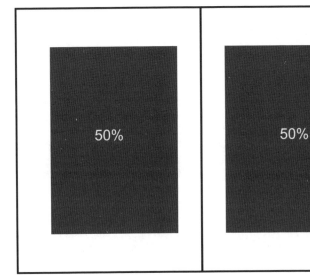

Abb. 6-8
Seitengeometrie

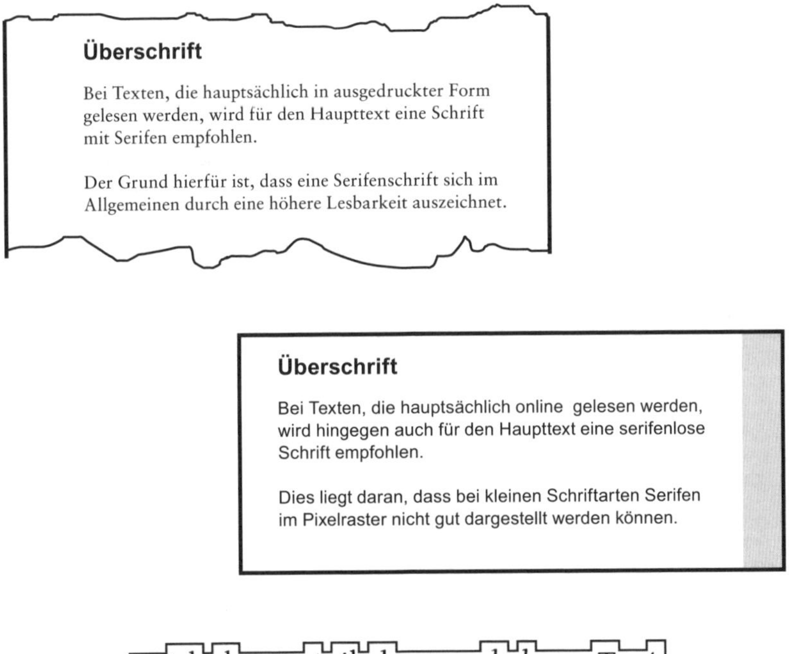

Überschrift
Bei Texten, die hauptsächlich in ausgedruckter Form gelesen werden, wird für den Haupttext eine Schrift mit Serifen empfohlen.
Der Grund hierfür ist, dass eine Serifenschrift sich im Allgemeinen durch eine höhere Lesbarkeit auszeichnet.
Überschrift
Bei Texten, die hauptsächlich online gelesen werden, wird hingegen auch für den Haupttext eine serifenlose Schrift empfohlen.
Dies liegt daran, dass bei kleinen Schriftarten Serifen im Pixelraster nicht gut dargestellt werden können.

Abb. 6-7
Schriftarten

gut lesbarer, teils hervorgehobener Text
SCHLECHT LESBARER TEXT

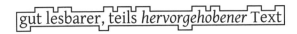

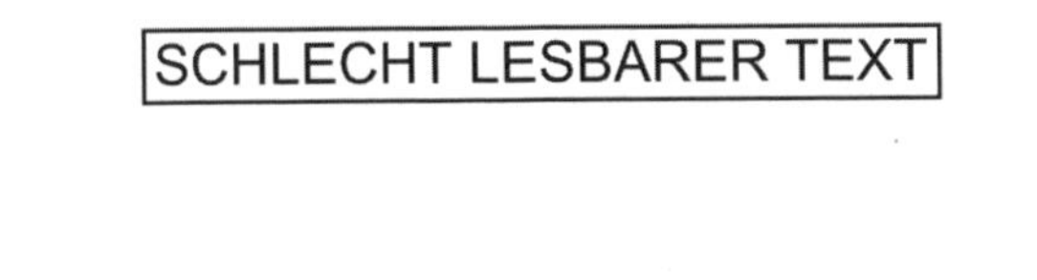

Abb. 6-6
Typvariationen

Es schadet in diesem Fall aber nicht, wenn der Dokumentationsverantwortliche des Teams die tatsächlich Verantwortlichen auf das Thema anspricht.

> **Templates in der Dokumentation**
>
> Die Nutzung von Templates ist in vielen Organisationen ein leidiges Thema. Oft reagieren Projektmitarbeiter allergisch darauf, wenn die Nutzung irgendwelcher Templates vorgeschrieben wird.
>
> In manchen Fällen ist der Ärger berechtigt. Gerade in Organisationen, in denen ein sehr dokumentationslastiges Vorgehen üblich ist, sind solche Templates oft kompliziert und umständlich zu benutzen. Manchmal geben Templates so viel an Struktur und Überschriften vor, dass sie fast wie Formulare wirken, die ihre Benutzer dazu zwingen, zu allen möglichen Dingen irgendetwas zu schreiben. Solche Templates tragen zu einer umfangreichen und stereotypen, aber eben nicht bedarfsgerechten Dokumentation bei. Es ist kein Wunder, dass gerade in einem agilen Kontext solche Templates auf wenig Gegenliebe stoßen.
>
> Gute Templates hingegen sind in der Anwendung unkompliziert und machen dem Benutzer wenig Vorschriften, sondern bieten eine sinnvolle Vorkonfiguration des Dokumentationswerkzeugs. Beispielsweise wird man in einem Textverarbeitungssystem von einem guten Template erwarten, dass es einige, vielleicht auch nur wenige, in jedem Fall aber sinnvolle Absatz-Formatvorlagen bereitstellt. Durch die passenden Definitionen trägt das Template zur guten Formatierung der Dokumente bei.
>
> Letztlich gibt es ein einfaches Kriterium für die Qualität eines Templates: Gute Templates werden freiwillig benutzt. Die Voraussetzung dafür ist natürlich, dass die Existenz des Templates bekannt ist und dass jeder es sofort und problemlos bei der Erstellung von Dokumenten verwenden kann. Taugt das Template etwas, finden sich die Benutzer von ganz allein.
>
> Gute Templates stellen keine lästige Pflicht dar, sondern einen Service, den Projektmitarbeiter gern wahrnehmen, weil er ihnen die Erstellung der Dokumentation erleichtert.

Zusammenfassung und Ausblick

Mittlerweile haben wir uns nicht nur mit den Inhalten und dem Umfang unserer Dokumentation beschäftigt, sondern haben uns auch Gedanken zur Strukturierung und zum Aussehen unserer Dokumente gemacht. Damit haben wir jetzt das Rüstzeug zusammen, um gute und auch gut lesbare Dokumente zu erstellen.

Was die konkreten Arbeiten zur Erstellung der Dokumentation im Projekt angeht, kommen wir langsam zu einem Ende. Wir wissen mittlerweile, was wir schreiben wollen, und auch, wie wir es schreiben wollen. Es bleibt aber noch die Frage zu beantworten, was wir mit den fertiggestellten Dokumenten anfangen wollen:

- Zunächst müssen wir uns fragen, wie wir sicherstellen können, dass unsere Dokumente auch den angestrebten Leserkreis erreichen. Dieser Frage werden wir im nächsten Kapitel nachgehen.
- Ebenfalls im nächsten Kapitel werden wir diskutieren, was wir tun müssen, damit die Dokumente, die wir jetzt fertiggestellt haben, uns und anderen auch langfristig zur Verfügung stehen und genutzt werden können.

7 Umgang mit der Dokumentation

In den letzten Kapiteln haben wir uns mit der Frage beschäftigt, welche Dokumentation wir benötigen und wie wir diese Dokumentation erstellen können. Jetzt sind wir an dem Punkt angelangt, uns Gedanken darüber zu machen, was wir mit der entstandenen Dokumentation anfangen wollen.

Die Antwort auf diese Frage erscheint zunächst sehr einfach: Die Dokumentation soll genutzt, also gelesen werden. Dafür ist sie schließlich erstellt worden. In Wirklichkeit stellt sich die Sache aber nicht ganz so einfach dar. Dafür, dass die Dokumentation sinnvoll genutzt werden kann, ist schon noch etwas zu tun. Insbesondere müssen wir uns überlegen, wie wir die Dokumente, die wir jetzt fertiggestellt haben, unseren Lesern nahebringen. Ebenso wichtig ist es, sicherzustellen, dass die Dokumentation nicht über kurz oder lang in Vergessenheit gerät, sondern langfristig den Personen zur Verfügung steht, die davon profitieren können.

Mit diesen Fragen müssen wir uns im Verlauf eines Projekts immer wieder beschäftigen. Das liegt am iterativen Vorgehen in agilen Projekten: Wir entwickeln nicht nur die Software in Inkrementen, sondern erstellen grundsätzlich auch INKREMENTELLE DOKUMENTATION (4.4). Konkret bedeutet das, dass wir in regelmäßigen Abständen Elemente der System- und Produktdokumentation bereitstellen, insbesondere dann, wenn die beschriebenen Inhalte bereits einigermaßen stabil sind.

Wann immer wir ein Inkrement unserer Dokumentation fertigstellen, müssen wir uns also auch Gedanken über den Umgang mit den entstandenen Dokumenten machen. Dieses Kapitel handelt davon, was in dieser Situation zu tun ist.

7.1 Aktive Verteilung

Kontext Wir haben ein Dokument oder einen Teil davon fertiggestellt oder aktualisiert. Weil wir die ORIENTIERUNG AM LESERKREIS (2.1) als grundlegendes Prinzip agiler Dokumentation betrachten, ist uns klar, wer als Leser der neu entstandenen Dokumentation infrage kommt. Dies mögen andere Personen im Team sein, es kann sich aber (insbesondere im Fall der Produktdokumentation) auch um Personen außerhalb des Teams handeln.

Problem Wie vermeiden wir es, dass Dokumente auf dem Regal oder in irgendwelchen Projektverzeichnissen verstauben?

Analyse Dokumente sind nicht für irgendwelche Ordner bestimmt. Sie werden für die Leser geschrieben. Uns war von Anfang an klar, dass es, wenn der Leserkreis unklar bleibt, es äußerst fraglich ist, ob ein Dokument überhaupt benötigt wird. Wer als Leser unserer Dokumente infrage kommt, sollte uns also durchaus bewusst sein.

Allerdings richten sich die unterschiedlichen Dokumente, die im Verlauf eines Projekts entstehen, auch an ganz unterschiedliche Personenkreise. Die Produktdokumentation richtet sich vor allem an die Nutzer der Software, aber auch an die Personen, die für Installation, Konfiguration und Betrieb zuständig sind. Demgegenüber richtet sich die Projektdokumentation an das eigene Team. Ihre Aufgabe ist es, die Kooperation innerhalb des Teams zu unterstützen (in dem Umfang, in dem dafür schriftliche Dokumentation das richtige Mittel ist). Schließlich gibt es noch die Systemdokumentation, die sich teils an das eigene Team richtet, teils aber auch an Teams, die in Zukunft für die Weiterentwicklung der Software zuständig sein werden.

Andere Dokumentationsformen wie Anforderungsspezifikationen und Prozessdokumentation lassen wir an dieser Stelle außer Acht, weil sie in agilen Projekten eine bestenfalls untergeordnete Rolle spielen. Wir haben bereits die Argumente erörtert, warum wir auf diese Formen der Dokumentation zumindest in ihrer traditionellen Form weitgehend verzichten.

Aber selbst wenn wir uns auf die Dokumentationsformen konzentrieren, die in einem agilen Kontext wichtig sind (oder zumindest wichtig sein können), wird deutlich, dass wir mit ganz unterschiedlichen Leserkreisen innerhalb und außerhalb unseres Teams zu tun haben. All diesen potenziellen Lesern hilft es wenig, wenn ein im Grunde genommen nützliches Dokument zwar existiert, sie aber nichts davon wissen.

Dazu kommt, dass unterschiedliche Leserkreise ihre Dokumente zu jeweils unterschiedlichen Zeitpunkten benötigen. Projektdokumentation wird sofort benötigt: Sie ergänzt die mündliche Kommunikation im Team. Produktdokumentation wird notwendig, sobald Teile der Software an den Kunden ausgeliefert werden. Systemdokumentation wird vor allem in der Zukunft wichtig, weil sie eine langfristige Bedeutung hat.

Dokumente können sehr viel mehr Nutzen entfalten, wenn die Autoren damit aktiv auf interessierte Leser zugehen. *Lösung*

Das Agile Manifest macht deutlich, dass die Interaktion zwischen Personen ein entscheidender Faktor für den Erfolg eines Projekts ist. *Details*

Dieses Prinzip lässt sich auch auf die Verbreitung von Dokumentation anwenden. Wenn es ein Dokument gibt, das für andere Personen hilfreich ist, dann besteht die agile Haltung darin, aus eigener Initiative heraus die potenziellen Leser anzusprechen und ihnen gegebenenfalls das Dokument regelrecht »in die Hand zu drücken«.

Kern eines agilen Vorgehens in puncto Dokumentation ist also, aktiv auf die Leser zuzugehen. Wie kann das konkret aussehen?

- Bei der Projektdokumentation gestaltet sich dies am einfachsten. Projektdokumentation wird an einem Ort abgelegt, zu dem alle Teammitglieder Zugang haben, beispielsweise in einem WIKI (3.2). Es ist dann ganz einfach, potenzielle Leser auf neue Dokumentation im Wiki hinzuweisen, sei es durch eine freundliche E-Mail mit einem entsprechenden Link oder besser noch, indem man die Teamkollegen persönlich anspricht. In Scrum-Projekten ist dafür zum Beispiel das Daily Scrum eine passende Gelegenheit. Dort beantworten alle Teammitglieder die Frage danach, was sie zuletzt getan haben. Es ist sinnvoll, diese Gelegenheit zu nutzen um (neben vielen anderen Dingen) die übrigen Teammitglieder eben auch wissen zu lassen, dass eine bestimmte Dokumentation fertiggestellt worden ist.
- Bei der Produktdokumentation, die sich an den Kunden richtet, ist ein spontanes »In-die-Hand-Drücken« vielleicht nicht so leicht möglich. Dennoch ist auch hier eine aktive und persönliche Übergabe der Dokumentation sinnvoll. Nicht umsonst betrachtet das Agile Manifest auch die Kooperation mit dem Kunden als einen der Grundpfeiler eines agilen Vorgehens. Ideal ist zum Beispiel, die Grundzüge der Installation, des Betriebs und der Nutzung der Software in Workshops (oder zumindest kurzen Meetings) zu erläutern und dabei die entsprechenden Handbücher den Interessenten zum Nachschlagen zu überlassen.

Beispiel: Übergabe eines Redaktionshandbuchs

Der Onlineshop eines großen Handelsunternehmens sollte im Zuge einer Personalisierungsstrategie um eine Reihe neuer Funktionen erweitert werden. Dazu war neben einiger neuer Software auch die Bereitstellung neuen redaktionellen Contents erforderlich.

Um den Redakteuren die Arbeit zu erleichtern, erstellte das Entwicklungsteam ein Redaktionshandbuch, in dem beschrieben war, welche Content-Elemente vorgesehen waren, wie diese Elemente im Content-Management-System abgelegt wurden, welche Konfigurationseinstellungen erforderlich waren und welche Workflows es gab. Das Redaktionshandbuch war gut und verständlich geschrieben und enthielt viele nützliche Beispiele.

Trotzdem stellte sich beim Test der ersten neuen Funktion Ernüchterung ein. Es fehlten eine Reihe von Content-Elementen und an verschiedenen Stellen stimmte die Konfiguration nicht. Alles wollte noch nicht so recht zusammenpassen, trotz des doch recht guten Redaktionshandbuchs.

Bei Nachfragen stellte sich heraus, dass einige der Redakteure das Handbuch nur oberflächlich gelesen hatten. Ein paar hatten es überhaupt nicht erhalten. Die meisten Redakteure hatten zwar verstanden, dass sie neuen Content für die geplanten neuen Funktionen erstellen sollten. Dass es für die Livestellung der neuen Funktionen aber essenziell war, auch die im Handbuch beschriebenen Konfigurationsanweisungen akribisch zu befolgen, war nicht allen Redakteuren klar geworden.

Man kann an dieser Stelle natürlich den Fehler bei den Redakteuren suchen, die das Redaktionshandbuch nicht gründlich gelesen hatten. Diese Argumentation greift aber zu kurz. Um ein Projekt erfolgreich durchzuführen, sind Schuldzuweisungen wenig sinnvoll. Praktikabler ist es, die Prozesse so zu gestalten, dass es zu möglichst wenig Missverständnissen kommt. Wenn man sich aber ausschließlich auf Dokumente (wie in diesem Fall das Redaktionshandbuch) verlässt, sind Missverständnisse nahezu vorprogrammiert.

Vor der Einführung der zweiten neuen Funktion wurde dann glücklicherweise das Vorgehen angepasst. Auch hier gab es ein Redaktionshandbuch (das im Stil dem ersten durchaus ähnlich war). Es wurde aber nicht einfach per E-Mail an den Verteiler der Content-Redaktion verschickt, sondern wurde in einem gemeinsamen Workshop den Redakteuren vorgestellt.

In diesem Workshop wurde im Prinzip nicht viel mehr erklärt, als was auch im Redaktionshandbuch stand. Die Redakteure hatten aber die Möglichkeit, Fragen zu stellen, und, was sich als noch wichtiger herausstellte, durch die persönliche Vorstellung wurde den Redakteuren erst bewusst, wie wichtig die im Handbuch beschriebenen Verfahren, Konfigurationen und Workflows für den Erfolg des Projekts waren.

Das Handbuch war als Nachschlagewerk trotzdem unverzichtbar. Mehrere Redakteure haben später bestätigt, dass sie ohne das Redaktionshandbuch den neuen Content nicht hätten korrekt bereitstellen können. Aber nur der Workshop hat sie dazu gebracht, das Handbuch auch wie geplant zu verwenden.

- Schwieriger gestaltet sich eine persönliche Übergabe der Systemdokumentation, weil sich diese primär an zukünftige Teams richtet, die irgendwann für die Wartung und Weiterentwicklung der Software zuständig sind. Ein erster Schritt besteht darin, organisatorische Maßnahmen zu treffen, dass die Systemdokumentation nach Abschluss des Projekts noch aufgefunden werden kann, zum Beispiel indem man Klarheit darüber schafft, wo solche Dokumente abzulegen sind. Ein weiterer Schritt besteht aber auch hier in der von den agilen Methoden immer wieder geforderten direkten Kommunikation. Natürlich sind oft unterschiedliche Teams für die Entwicklung einer Software und für deren Wartung und Weiterentwicklung zuständig. Gelegentlich überschneiden sich diese Teams aber oder zumindest kennen einige Personen des einen Teams einige Personen des anderen. Ein freundlicher Hinweis auf die bestehende Dokumentation ist dann schnell gegeben und kann sich als sehr hilfreich herausstellen.

Wie so oft, ist für den Erfolg der Dokumentation keine Technik und kein Prozess ausschlaggebend, sondern die agile Haltung: »Wenn ich über Informationen verfüge, die anderen nützen können, dann teile ich das diesen Personen mit.« Sobald diese Haltung in den Köpfen der Teammitglieder verankert ist, sind Dokumentation und Kommunikation eben keine Gegensätze mehr, sondern ergänzen sich wie in Abbildung 7–1 angedeutet.

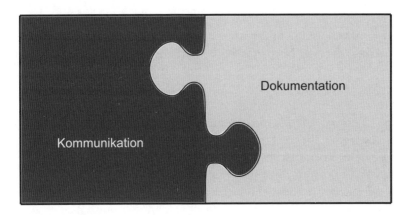

Abb. 7–1

Zusammenspiel von Kommunikation und Dokumentation

Natürlich ist es nicht genug, fertiggestellte Dokumente den Lesern einfach nur in die Hand zu drücken. So hilfreich dieses Vorgehen ist – es macht natürlich eine vernünftige Ablage von Dokumenten nicht überflüssig. Wir müssen dafür sorgen, dass die Dokumente, die im Kontext unseres Projekts entstehen, auch langfristig auffindbar bleiben. Dazu dient der Aufbau einer DOKUMENTATIONSLANDSCHAFT (7.2).

Diskussion

> **Vorsicht vor dem Missbrauch der Dokumentation als Munition für Kollegenschelte**
>
> Man mag es als selbstverständlich ansehen, dass jemand, der ein Dokument geschrieben hat, sich auch darum bemüht, dieses Dokument dem Zielpublikum zugänglich zu machen.
>
> Leider gibt es in manchen Projekten aber auch Gegenbeispiele: Zeitgenossen, die zusehen, wie den Kollegen etwas misslingt, nur um am Ende darauf hinzuweisen, dass man selbst ja ein Dokument mit einem viel besseren Konzept geschrieben habe, das nur leider nicht gelesen wurde. Diese Personen machen sich nicht die Mühe, ihre Kollegen auf die existierende Dokumentation hinzuweisen, überziehen die Kollegen aber schnell mit Vorwürfen, wenn am Ende das Kind in den Brunnen gefallen ist.
>
> Ein solches Verhalten ist schon in traditionell durchgeführten Projekten inakzeptabel. Mit den Prinzipien agiler Entwicklung ist es aber überhaupt nicht zu vereinbaren. So etwas ist der Gegenentwurf zu agilem Vorgehen und ein aktiver Missbrauch von Dokumentation.

7.2 Dokumentationslandschaft

Kontext Unsere Dokumentation entsteht nicht einmalig im Verlaufe des Projekts. Das Stichwort lautet INKREMENTELLE DOKUMENTATION (4.4). Wir benötigen also Strukturen und Verfahren, die es uns erlauben, zur existierenden Dokumentation sukzessive immer wieder etwas Neues hinzuzufügen.

Problem Wie können wir sicherstellen, dass sich die Teammitglieder in der existierenden Dokumentation zurechtfinden?

Analyse Der amerikanische Informationswissenschaftler Peter Morville beschreibt in seinem Buch *Ambient Findability*, wie wichtig in der heutigen Zeit die Auffindbarkeit von Information ist. Information, die in der Masse der insgesamt verfügbaren Daten nicht aufgefunden wird, wird auch nicht zur Kenntnis genommen [Morville 2005]. Diese Aussage ist primär auf das Internet mit seiner großen Fülle an Informationen unterschiedlicher Art bezogen. Sie gilt aber (wenn auch möglicherweise in leicht eingeschränkter Form) auch für die Dokumente, die im Zuge eines Projekts oder mehrerer Projekte entstehen.

Wenn die Dokumentation einen langfristigen Nutzen bieten soll, müssen einzelne Dokumente auffindbar sein. Sie müssen auch dann auffindbar bleiben, wenn neue Dokumente hinzukommen oder alte durch neue Versionen abgelöst werden.

Dass dies tatsächlich ein Problem darstellt, erkennt man, wenn man die Dokumentationsstrukturen großer Projekte betrachtet (insbesondere solcher Projekte, die besonderen Wert auf umfassende Dokumentation legen). Die Wahrscheinlichkeit ist hoch, dass man eine Vielzahl von Verzeichnissen findet, die einen eher unaufgeräumten Eindruck machen und in denen sich eine Vielzahl an Dokumenten befindet – teils aktuell, teils veraltet, teils dort, wo sie hingehören, teils dort, wo sie zufälligerweise einmal gelandet sind.

Natürlich ist ein solches Szenario hauptsächlich dem Effekt geschuldet, dass generell zu viele Dokumente entstehen und dass in der dann sehr umfangreichen Dokumentation die Suche nach einer bestimmten Information leicht der sprichwörtlichen Suche nach der Nadel im Heuhaufen gleicht. Aber selbst wenn ein Projekt klug vorgeht und nur die notwendige Dokumentation erstellt, kann im Laufe der Zeit doch genug Material zusammenkommen, um ein gelegentliches Aufräumen gerechtfertigt erscheinen zu lassen.

Idealerweise entsteht im Projekt eine Dokumentationslandschaft – ein navigierbarer Raum, in dem die unterschiedlichen Projektdokumente in übersichtlicher Form abgelegt werden. *Lösung*

Der Begriff »Landschaft« ist bewusst gewählt: Idealerweise haben Teammitglieder eine visuelle Vorstellung davon, wo sich welche Dokumente befinden. *Details*

Diese Dokumentationslandschaft zu entwickeln und zu pflegen fällt in den Verantwortungsbereich des Dokumentationsverantwortlichen im Projekt, der generell die INITIATIVE FÜR FRAGEN DER DOKUMENTATION (4.5) übernimmt.

An eine übersichtliche Dokumentationslandschaft werden folgende Kriterien angelegt:

- Zunächst ist es wünschenswert, einen Ort zu haben, von dem aus sämtliche Dokumentation zu einem Projekt erreichbar ist. Idealerweise gibt es ein WIKI (3.2), das als zentraler Einstiegspunkt in die öffentlich zugängliche Dokumentation eines Projekts dienen kann. Die Verwendung mehrerer Wikis oder auch die Kombination von Wikis und Projektverzeichnissen auf Laufwerken ist weniger ratsam.
- Bei der (empfohlenen) Benutzung eines Wikis ist es wichtig, nicht nur an die Dokumentation zu denken, die auf den eigentlichen Wiki-Seiten untergebracht wird, sondern auch an mögliche PDF-Dokumente und dergleichen, die wir erstellen, weil es unser Ziel ist, BEDARFSGERECHTE FORMATE (3.3) anzubieten. Um das gesamte Material an einem Ort verfügbar zu machen, können wir solche Dokumente als Anhang zu Wiki-Seiten hinzufügen. Darüber hinaus gibt es für manche Wikis auch Plug-ins mit Viewern für solche Dokumente, was eine (nahezu) nahtlose Integration klassischer Dokumente in Wiki-Seiten ermöglicht.

- Die Dokumentationslandschaft sollte die Projektstrukturen so gut wie möglich widerspiegeln. Wiki-Seiten und Ordner profitieren von einer eindeutigen Namensgebung, die der Terminologie im Projekt entspricht. Potenzielle Leser suchen dann Informationen mit deutlich größerer Wahrscheinlichkeit am richtigen Ort.
- Idealerweise verzichten wir auf tief verschachtelte Strukturen und lange Zugriffspfade. Insbesondere häufig benötigte Dokumente sollten sich mit wenigen Mausklicks auffinden lassen.

> **Übersichten im Wiki**
>
> Mit der zunehmenden Verbreitung von Wikis existieren auch immer mehr Plug-ins, die Funktionen anbieten, die über den eigentlichen Funktionsumfang eines Wikis hinausgehen. So gibt es auch die Möglichkeit, Übersichtsseiten zu generieren, die einen grafischen Überblick über die Inhalte eines Wikis geben.
>
> Solche Übersichtsseiten basieren auf der Technik, einzelne Seiten mit Schlagwörtern, sog. Tags, zu versehen. Eine Übersichtsseite kann nun so gestaltet werden, dass sie für verschiedene Tags unterschiedliche Bereiche vorsieht und so die Kategorisierung der Wiki-Inhalte visualisiert. Sind den einzelnen Seiten des Wikis geeignete Tags zugewiesen, entsteht dadurch ein guter Überblick über die verfügbare Dokumentation.
>
> Für die Zukunft kann man damit rechnen, dass weitere und vielleicht auch noch bequemere Plug-ins für die Visualisierung der Inhalte und Strukturen eines Wikis auf den Markt kommen, deren Darstellung dem Begriff der Dokumentationslandschaft im wahren Sinne des Wortes Rechnung trägt.

Im Laufe der Zeit kommen neue Dokumente hinzu und alte Dokumente werden möglicherweise überflüssig (und können gelöscht oder archiviert werden). Es ist sinnvoll, wenn der Dokumentationsverantwortliche eines Projekts die existierenden Strukturen gelegentlich überprüft und anpasst.

Diese Tätigkeit entspricht dem, was in der Softwareentwicklung unter dem Begriff Refactoring bekannt und anerkannt ist. Nicht ausschließlich, aber insbesondere auch in agil durchgeführten Projekten gilt Refactoring als eine wesentliche Technik, um tragfähige Strukturen in der Software langfristig aufrechtzuerhalten. Dazu wird immer wieder geprüft, ob Softwarestrukturen verbessert werden können (ohne die eigentliche Funktionalität der Software zu verändern) – wenn das der Fall ist, werden die entsprechenden Änderungen auch durchgeführt [Fowler 1999].

Analog dazu müssen auch die Strukturen der Dokumentation gelegentlich aktualisiert werden. Durch ein regelmäßiges Refactoring der Dokumentationslandschaft lässt sich erreichen, dass diese tatsächlich eine Landschaft bleibt und nicht zu einem undurchdringbaren Dickicht an Informationen verkommt. Im Prinzip ist dies nicht mehr als gelegentliches Aufräumen. Das ist nicht besonders schwierig, es muss aber getan werden.

Eine Dokumentationslandschaft hilft dabei, die Übersicht über die vorhandene Dokumentation *innerhalb* eines Projekts zu behalten. Die meisten Projekte produzieren allerdings auch Erkenntnisse, die über die Grenzen des Projekts hinaus von Bedeutung sind. Das mag nicht für alle Dokumente zutreffen, die im Rahmen eines Projekts entstehen, aber vermutlich doch für einige. Ein gutes Beispiel sind die *Lessons Learned*, die oft in Projektretrospektiven ermittelt werden. Ein anderes sind Konzepte, die in zukünftigen Projekten möglicherweise wiederverwendet werden können. Ein organisationsweites WISSENSMANAGEMENT (7.4) kann dabei helfen, dass solche Erkenntnisse nicht verloren gehen.

Diskussion

7.3 Anleitung zur Erstellung der Dokumentation

Mittlerweile haben wir einiges an notwendiger Dokumentation fertiggestellt. Wir haben auch dafür gesorgt, dass diese Dokumentation langfristig auffindbar bleibt und Leser darauf Zugriff haben.

Kontext

Wie lassen sich die Erkenntnisse zur Erstellung der Dokumentation langfristig nutzen?

Problem

Projekte sind individuell verschieden. Gerade aus dem Blickwinkel eines agilen Vorgehens heraus ist uns bewusst, dass insbesondere auch die Anforderungen an die Dokumentation von Projekt zu Projekt verschieden sind. Ein einheitliches Rezept zur Erstellung der Dokumentation kann es nicht geben.

Analyse

Andererseits sammeln wir in unseren Projekten im Hinblick auf die Dokumentation auch immer wieder Erfahrungen, die wir auch in späteren Projekten wieder nutzen können. Dies mögen gute oder schlechte Erfahrungen sein, und sie können sich auf den Inhalt, den Umfang, die Präsentation oder auch die technische Basis der Dokumentation beziehen.

Gerade in Organisationen, die häufig ähnlich gelagerte Projekte durchführen, sind solche Erfahrungen wertvoll. Wenn wir aus der Erstellung der Dokumentation in einem Projekt etwas lernen, gelingt uns die Dokumentation im nächsten Projekt vermutlich besser.

Ein solcher Lerneffekt ist ein zentraler Bestandteil der agilen Kultur. Praktisch alle agilen Verfahren sehen Mechanismen vor, um Feedback zu sammeln und aufzuarbeiten. Üblicherweise geschieht dies in Form regelmäßiger Retrospektiven, die nicht nur am Projektende, sondern auch zum Abschluss einzelner Projektphasen stattfinden. Beispielsweise sieht Scrum zum Ende jedes Sprints eine sog. Sprint-Retrospektive vor.

Retrospektiven können eine große Bandbreite von Themen betrachten. Im Vordergrund stehen in den meisten Fällen die Prozesse und Abläufe innerhalb des Teams. Die Dokumentation ist nur eines von vielen möglichen Themen. Neben den vielen anderen Punkten ist aber auch die Dokumentation ein Thema, das sich in der Retrospektive eines agilen Projekts kritisch zu beleuchten lohnt.

Lösung **Es ist sinnvoll, Retrospektiven auch dafür zu nutzen, Erkenntnisse über die Dokumentation zu gewinnen und diese Erkenntnisse in Best Practices einfließen zu lassen, die für zukünftige Projekte genutzt werden können.**

Details Die gesammelten Erkenntnisse und gewonnenen Best Practices können genutzt werden, um eine projektübergreifende Anleitung zur Erstellung von Dokumentation aufzubauen. Diese Anleitung kann und sollte sich auf unterschiedliche Komplexe wie Produktdokumentation, Systemdokumentation und Projektdokumentation beziehen. Sie kann insbesondere folgende Themen adressieren:

- Die Anleitung sollte beschreiben, welche Dokumente in den Projekten einer Organisation infrage kommen, beispielsweise in Form von Checklisten.
- Sie kann auch auf die möglichen Inhalte dieser Dokumente eingehen, zum Beispiel in Form von kommentierten Inhaltsverzeichnissen.
- Sie kann ebenso beschreiben, welche Inhalte sich in der Vergangenheit als verzichtbar herausgestellt haben.
- Die Anleitung kann Hinweise zur Nutzung von Tools enthalten.
- Sie kann beschreiben, welche Dokumentationsformate sich bewährt haben.

Was die möglichen Dokumente in einem Projekt sowie deren mögliche Inhalte angeht, kann das im Anhang A.2 vorgestellte Portfolio als Grundlage für eine solche Anleitung dienen. Gerade wenn es darum geht, Checklisten zu erstellen, ist das Portfolio eine gute Basis.

> **Vor- und Nachteile von Dokumentationsportfolios**
>
> Viele Organisationen nutzen Dokumentationsportfolios, um das Wissen darüber festzuhalten, welche Dokumente mit welchen Inhalten typischerweise in welchen Phasen eines Projekts benötigt werden.
>
> Solche Portfolios sind ein zweischneidiges Schwert. Einerseits drückt sich darin eine wertvolle Erfahrung aus. Die Checklisten, die solche Portfolios häufig enthalten, bieten oft gute Ansatzpunkte und helfen zu verhindern, dass wichtige Aspekte bei der Dokumentation vergessen werden.
>
> Andererseits mündet die Nutzung eines Dokumentationsportfolios, wenn sie unreflektiert geschieht, schnell in ein sehr dokumentationslastiges Vorgehen. Portfolios verleiten leicht zu dem Gedanken, doch wieder alles dokumentieren zu wollen, was man überhaupt nur aufschreiben kann. Checklisten vermitteln leicht den Eindruck, dass alle Punkte in jedem Fall benötigt werden. Speziell Personen, die mit dem Gedanken agiler Dokumentation nicht vertraut sind, werden dann versuchen, im Zweifel doch möglichst viel zu dokumentieren.
>
> Aus diesem Grund lautet die Empfehlung an dieser Stelle, eine Anleitung zur Dokumentation zu entwickeln, die über ein reines Dokumentationsportfolio (wie in Anhang A.2) hinausgeht, nämlich genau in dem Sinne, dass sie auf konkreten Projekterfahrungen basiert und mögliche Dokumentationsinhalte zwar nennt, aber ebenso darauf hinweist, dass Projekte letztlich individuell entscheiden müssen, welche Dokumentation sie benötigen.

Allerdings sollte eine gute Dokumentationsanleitung nicht bei einem generellen Dokumentationsportfolio stehen bleiben, sondern auch auf konkreten Erfahrungen aus abgeschlossenen Projekten aufbauen und so auf organisationsspezifische Aspekte eingehen. Im Gegensatz zu einem allgemeinen Portfolio wie dem im Anhang kann die Anleitung zur Dokumentationserstellung in einer Organisation auch auf folgende Punkte eingehen:

- Die Anleitung kann spezielle Aspekte der Unternehmenskultur berücksichtigen, beispielsweise typische Formen der Kommunikation und des Austauschs mit den Kunden.
- Sie kann branchenspezifische Aspekte berücksichtigen, insbesondere, wenn die Organisation viele Projekte in einer Branche durchführt und sich dies auf die Anforderungen an die Dokumentation niederschlägt. Dies beginnt mit der Verwendung einer branchentypischen Terminologie, kann sich aber bis hin zu speziellen Konzepten und Designs erstrecken.
- Sie kann auf Anforderungen zur Dokumentation eingehen, die aus Zertifizierungen resultieren, die die Organisation möglicherweise anstrebt.
- Sie kann speziell auf die Werkzeuge zur Dokumentation eingehen, die innerhalb der Organisation verfügbar sind.

> **Beispiel:**
> **Unternehmensweites Repository für Dokumentationsartefakte**
>
> Ein mittelgroßes IT-Unternehmen startete vor einigen Jahren eine Initiative zum Wissensmanagement, deren Ziel es war, Erfahrungen aus dem Projektgeschäft zu sammeln und zukünftigen Projekten zugänglich zu machen. Jedes einzelne Projekt war aufgefordert, zum Abschluss eine Retrospektive durchzuführen und deren Ergebnisse dem Wissensmanagement zur Verfügung zu stellen.
>
> Teil dieser Wissensmanagementinitiative war auch das Bestreben, ein Dokumentationsportfolio aufzubauen und gelungene Dokumentationsartefakte zu sammeln. In der Folge entstand eine umfangreiche Sammlung von Checklisten, aus denen hervorging, in welchen Projektphasen welche Dokumente erforderlich waren. Die Checklisten unterschieden zwischen verschiedenen Projekttypen, sodass es beispielsweise Checklisten für die Spezifikation in einem Entwicklungsprojekt oder die Ergebnispräsentation in einem Beratungsprojekt gab. Für die wichtigsten Dokumenttypen (insbesondere die Designdokumente in Entwicklungsprojekten) entstand zudem jeweils ein kommentiertes Inhaltsverzeichnis, aus dem die erforderlichen Inhalte hervorgingen. Außerdem wurden den Checklisten einige gelungene Projektdokumente als Beispielmaterial hinzugefügt.
>
> Rückblickend betrachtet muss die Initiative als Teilerfolg angesehen werden. Auf der positiven Seite ist insbesondere zu nennen, dass die Checklisten sicherlich zur Qualität der Dokumentation in späteren Projekten beigetragen haben. Wiederholt haben Projektmitarbeiter beim Abarbeiten der Dokumentationschecklisten Themen identifiziert, die in ihrer eigenen Dokumentation noch fehlten, die aber tatsächlich dokumentationswürdig waren. Auch für eine überzeugende Darstellung unterschiedlicher Themen haben die Nutzer der Checklisten gute Anregungen erhalten.
>
> Demgegenüber war aber auch der Effekt zu beobachten, dass Projekte, die die Checklisten nutzten, ihrerseits die Tendenz entwickelten, eher umfangreich zu dokumentieren, und in einigen Fällen deutlich umfangreicher, als notwendig gewesen wäre.
>
> Das Resumee an dieser Stelle lautet, dass ein stereotypes Abarbeiten einer Checkliste von oben nach unten bei der Erstellung der Dokumentation wenig sinnvoll ist. Ein Dokumentationsportfolio mit den entsprechenden Checklisten kann sinnvoll sein, aber nur, wenn darin auch der Gedanke einer individuell geplanten und bedarfsgerechten Dokumentation deutlich wird.

Schließlich sollte eine Anleitung zur Dokumentation auch von einer agilen Haltung geprägt sein. Genau das ist der Grund, weswegen die Anleitung nicht am Reißbrett entstehen oder von einer Abteilung festgelegt werden sollte, die in einer Art Elfenbeinturm Prozesse und dergleichen definiert. Das Ziel muss hingegen sein, die Anleitung zur Dokumentation insbesondere aus den Retrospektiven konkreter Projekte hervorgehen zu lassen.

Die Erstellung einer Dokumentationsanleitung ist *nicht* Aufgabe eines Entwicklungsteams. Idealerweise gibt es in einer Organisation Personen, die für projektübergreifende Fragen der Dokumentation zuständig sind. Diese Personen haben organisationsweit eine ähnliche Rolle wie der Dokumentationsverantwortliche im Projekt: Sie ergreifen die Initiative im Hinblick auf Dokumentationsfragen und geben in diesem Zusammenhang Denkanstöße. Eine Anleitung mit Tipps zum Erstellen von Dokumentation fällt in den Verantwortungsbereich dieser Personen, die idealerweise die Prinzipien agiler Dokumentation wie insbesondere die ORIENTIERUNG AM LESERKREIS (2.1) und die DOKUMENTATION LANGFRISTIG RELEVANTEN WISSENS (2.2) verinnerlicht haben.

Diskussion

Aufgabe des Projektteams ist es allerdings, Input und Feedback zu einer solchen Anleitung zu geben. Dies muss bestimmt nicht nach jeder einzelnen Projektiteration geschehen, in Scrum-Projekten beispielsweise nicht nach jedem einzelnen Sprint. Wichtig ist allerdings, dass wenn ein Projektteam in Retrospektiven Erkenntnisse gewinnt, die generelle Fragen der Dokumentation betreffen, es diese Erkenntnisse auch weiterleitet, damit sie in die organisationsweiten Dokumentationsanleitungen einfließen können.

7.4 Wissensmanagement

Wenn wir im Nachgang eines Projekts oder einer Projektphase Input für eine ANLEITUNG ZUR ERSTELLUNG DER DOKUMENTATION (7.3) sammeln, so hilft das, Erkenntnisse über das Vorgehen bei der Dokumentation von einem Projekt zum nächsten weiterzugeben. Oft lohnt es aber auch, andere wissenswerte Informationen über die Grenzen eines Projekts hinaus aufzubewahren.

Kontext

Wie können wir vermeiden, dass generelle Erkenntnisse, die sich ein Team im Laufe eines Projekts erarbeitet hat, für spätere Projekte verloren gehen?

Problem

In vielen IT-Projekten wird eine Menge an Wissen angehäuft. Auch wenn wir uns dies nicht dauernd bewusst machen, so ist ein Projekt doch immer mit Lerneffekten verbunden. Der Wunsch liegt daher nahe, von den Erkenntnissen, die wir gewonnen haben, auch etwas für zukünftige Projekte mitzunehmen. Dieses Prinzip haben heutzutage viele Organisation verstanden und haben deswegen Programme zum Wissensmanagement aufgesetzt.

Analyse

Ein Teil des im Team vorhandenen Wissens drückt sich auch in der Dokumentation des Projekts aus. Das gilt sicher nicht für das gesamte Wissen – manches ist einfach auch nur in den Köpfen der Mitarbeiter als sog. *tacit knowledge* vorhanden, ohne dass es aufgeschrieben werden könnte oder auch müsste. Idealerweise entsteht trotzdem im Laufe der Zeit eine DOKUMENTATIONSLANDSCHAFT (7.2), die zwar weder besonders umfangreich sein muss noch sein sollte, die aber in gut organisierter Form Informationen bereitstellt, von denen das Team denkt, dass sie für den weiteren Projektfortschritt sowie für mögliche Folgeprojekte relevant sind. Der Gedanke liegt nahe, diese Dokumentation mit dem Ziel des Wissenstransfers auch anderen Projekten zugänglich zu machen. Ist das sinnvoll?

Nicht so ohne Weiteres. Bei Weitem nicht alles, was innerhalb eines Projekts (und möglicher Folgeprojekte) wichtig ist, hat auch außerhalb des Projektkontexts noch Bedeutung. Nicht jede Idee und jedes Konzept lässt sich in anderen Projekten wiederverwenden. Würden wir es uns in unseren Projekten angewöhnen, die (wenngleich gute) Dokumentation wahllos in das organisationsweite Wissensmanagement zu überführen, kämen schnell Berge an Material zusammen, die niemandem mehr nützen würden.

Trotzdem kann es in einem Projekt Dokumente geben, die tatsächlich auch anderen Projekten helfen können, etwa weil sie Dinge beschreiben, die allgemein gültig und damit immer wieder hilfreich sind. Unser Ziel muss es sein, diese Dokumente zu identifizieren und in geeigneter Form organisationsweit zugänglich zu machen.

Lösung **Ein organisationsweites Wissensmanagement profitiert davon, wenn Projektretrospektiven auch zu dem Zweck genutzt werden, projektübergreifende Erkenntnisse zu sammeln und Ideen und Konzepte zu identifizieren, die über den aktuellen Projektkontext hinaus von Bedeutung sind.**

Details In agil durchgeführten Projekten finden regelmäßig Retrospektiven statt. Das Hauptaugenmerk liegt dabei auf Maßnahmen, die das Team unmittelbar umsetzen kann, um die Abläufe im Projekt zu verbessern.

Es wird nicht in jeder Retrospektive gelingen, zusätzlich noch Erkenntnisse zu extrahieren, die über den Horizont des aktuellen Projektgeschehens hinausgehen. Das ist aber auch gar nicht nötig. Tatsächlich ist es schon ein schöner Erfolg, wenn sich im Verlauf eines Projekts vielleicht ein oder zwei gute Beiträge zum allgemeinen Wissensmanagement gewinnen lassen.

Oft handelt es sich dabei um Ideen oder allgemeine Konzepte, die sich noch vergleichsweise leicht von einem Projekt auf ein anderes übertragen lassen. Spezielle Konzepte oder gar Implementierungen sind schwieriger wiederzuverwenden, weil der Fokus eines Projekts natürlich auf den eigentlichen Projektthemen liegt und nicht auf projektübergreifenden Fragen. Die Chancen, generelle Ideen und Konzepte weitergeben zu können, stehen dagegen gar nicht so schlecht.

Ein vernünftiges Vorgehen kann folgendermaßen aussehen:

- Im Rahmen einer Projektretrospektive identifiziert das Projektteam Themen, von denen es denkt, dass sie über die Grenzen des Projekts hinaus von Interesse sind, und notiert diese Themen in Form eines kurzen Protokolls. Wie eine solche Retrospektive im Detail durchgeführt werden kann, soll hier nicht weiter erörtert werden. Viele gute Tipps finden sich im Buch von Norman Kerth [Kerth 2001].
- Personen, die in der Organisation für das Wissensmanagement zuständig sind, nehmen die Anregungen auf. Dies kann mit mehr oder weniger Aufwand verbunden sein, je nachdem, wie viel noch getan werden muss, um Beiträge für das Wissensmanagement zu formulieren, die allgemein verständlich sind und keine Kenntnis des aktuellen Projekts erfordern. Diese Beiträge können gegebenenfalls Verweise auf Projektdokumente enthalten, sofern diese als beispielhaftes Material hilfreich sind.
- Die Beiträge zum Wissensmanagement werden allgemein zugänglich gemacht, beispielsweise in einem organisationsweit zugänglichen Wiki, von dem aus auch Verweise auf das WIKI (3.2) des aktuellen Projekts und die Wikis anderer Projekte möglich sind.

Das Ziel hierbei ist nicht, einen bürokratischen Wissensmanagementprozess aufzusetzen. Es geht einfach nur darum, gute Ideen, die in den Retrospektiven gewonnen werden, auch außerhalb des Projekts bekannt zu machen, sofern sie projektübergreifend anwendbar sind.

Dafür kommen unterschiedliche Themen in Betracht. Tabelle 7–1 nennt einige Themen, die immer wieder von allgemeinem Interesse sind:

Tab. 7-1
Mögliche Themen für ein organisationsweites Wissensmanagement

Thema	Hintergrund
Anwendungsbereich	Softwareentwicklungsteams kennen sich oft gut mit der zugrunde liegenden Technik aus, aber weniger gut mit der Fachlichkeit des Anwendungsgebiets. Mithilfe von einführendem Material lassen sich zumindest grundlegende Branchenkenntnisse transportieren, die es dem Team ermöglichen zu verstehen, worum es im Projekt überhaupt geht.
Technisches Wissen	Auch wenn Entwicklungsteams mit den technischen Grundlagen gut vertraut sind, gibt es immer noch etwas hinzuzulernen. Die Technologie ändert sich fortwährend. Material über neue Programmiermodelle, Tools oder Frameworks kann Entwicklern helfen, auf dem aktuellen Stand der Technik zu bleiben.
Designkonzepte	In vielen Fällen ist ein Softwaredesign spezifisch für ein einziges Projekt. Gelegentlich kommt es aber vor, dass ein Design geradezu beispielhaften Charakter hat, sodass es auch für andere Teams sinnvoll ist, sich mit diesem Design auseinanderzusetzen und möglicherweise etwas daraus zu lernen.
Methodisches Wissen	Neben dem technischen Wissen unterliegt auch das methodische Wissen in der Softwareentwicklung stetigen Änderungen und Ergänzungen. In den letzten zehn Jahren haben insbesondere Software Patterns, testgetriebene Entwicklung und agile Entwicklung Spuren in der Softwareentwicklung hinterlassen. Auch hier kann Wissensmanagement ansetzen.

Auch für Material, das für das Wissensmanagement bestimmt ist, gilt natürlich, was wir für Dokumente ganz allgemein immer wieder betont haben: Schriftliche Unterlagen sind besonders hilfreich, wenn sie nicht allein stehen, sondern eine Ergänzung zur verbalen Kommunikation darstellen.

> **Beispiel: Fachliche Beiträge zum Wissensmanagement**
>
> In einem Projekt in der Versicherungsbranche äußerte das Entwicklungsteam den Wunsch, mehr über den fachlichen Hintergrund der Lebens- und Rentenversicherungen zu erfahren, für die es neue Systeme entwickelte. Daraufhin hielt ein technisch und fachlich erfahrener Kollege einen Vortrag, in dem er die Grundlagen der Versicherungstypen vorstellte und an einigen Beispielen erklärte.
>
> Eine ähnliche Situation entstand in einem Projekt für einen Logistik-Anbieter. Auch hier hatte das Team den Wunsch zu verstehen, wozu das System, an dem man arbeitete, eigentlich dienen sollte, nicht zuletzt, weil sich Anforderungen leichter umsetzen lassen, wenn man sie auch fachlich versteht. Auch hier war ein fachlich versierter Mitarbeiter gewillt, in einem Vortrag die Grundzüge der Branche vorzustellen.
>
> In beiden Fällen bestand Konsens darüber, dass vermutlich auch andere, ähnlich gelagerte Projekte von den durchweg gelungenen Vorträge profitieren würden. Die Vortragsfolien wurden daher in das Wissensmanagement der jeweiligen Organisation übernommen, wo sie zum Nachschlagen zur Verfügung standen. Durch die Verbreitung der Foliensätze kam darüber hinaus der Kontakt mit anderen Teams zustande, mit dem Resultat, dass die Autoren gebeten wurden, ihre Vorträge auch noch an anderer Stelle zu halten.

> **Beispiel: Technische Beiträge zum Wissensmanagement**
>
> In einem IT-Unternehmen, das begonnen hatte, Projekte nach agilen Methoden (Scrum und Kanban) durchzuführen, wurden Retrospektiven genutzt, um technische Themen zu identifizieren, die nach Wahrnehmung der Teams von allgemeinem Interesse waren. In der Regel fand sich ein Kollege, der bereit war, sich eines dieser Themen anzunehmen und im Rahmen eines regelmäßigen Entwickler-Meetings darüber vorzutragen. Auf diese Art entstand eine Serie interessanter Vorträge, beispielsweise über die Nutzung des Exception Handling in Java und über eine (damals) neue Version von Spring MVC.
>
> Ebenso entstand in diesem Rahmen ein Erfahrungsbericht über eine Datenmigration, die Gegenstand eines größeren Projekts in diesem Unternehmen gewesen war. Bei dieser Datenmigration war nicht alles auf Anhieb glatt gelaufen, letztlich entstand aber ein ausgefeiltes Konzept, das erfolgreich eingesetzt wurde. In einer retrospektiven Betrachtung des Projekts wurde die Entscheidung getroffen, das Vorgehen im Projekt in allgemeiner Form zu dokumentieren und dabei das aktuelle Projekt als Beispiel zu verwenden.
>
> Letztlich kam so eine Reihe von Dokumenten zustande, die primär als Begleitmaterial zu Weiterbildungsvorträgen innerhalb der Entwicklungsteams dienten. Die Dokumente wurden aber auch in das Repository des unternehmensweiten Wissensmanagements aufgenommen. Nützlich waren die Beiträge vor allem, weil sie aus dem konkreten Projektgeschehen heraus motiviert waren.

Tatsächlich erfolgt die Weitergabe von Wissen am besten auf direktem Weg zwischen Personen. Dafür eignen sich Workshops, Vorträge und dergleichen. Unterlagen zum Nachschlagen sind als Ergänzung aber immens hilfreich, sei es in der Form eines Foliensatzes oder einer Wiki-Site. Projekte können dafür Ideen und Beispielmaterial liefern.

Diskussion

Schließlich noch einmal der Hinweis: Wie auch die Entwicklung einer Anleitung zur Erstellung der Dokumentation (7.3), so sind auch der Aufbau, die Organisation und die Pflege eines organisationsweiten Wissensmanagements nicht Aufgabe des Entwicklungsteams. Die Verantwortung für den gesamten Komplex Wissensmanagement muss projektübergreifend, organisationsweit angesiedelt sein.

Wünschenswert ist aber, wenn die Entwicklungsteams aus den Projekten Ideen und Anregungen zum Wissensmanagement beisteuern. Retrospektiven sind dafür eine gute Gelegenheit. Gerade in einem agilen Kontext, in dem Reflexion und Lernen als natürliche Bestandteile des Softwareentwicklungsprozesses angesehen werden, sollte dieses Vorgehen auf Zustimmung stoßen.

Zusammenfassung und Ausblick

In den früheren Kapiteln haben wir analysiert, welche Anforderungen an die Dokumentation gestellt werden, wie wir die Dokumentation im Projekt einplanen können und welche Inhalte typischerweise infrage kommen. Wir haben untersucht, wie wir Dokumente strukturieren und gestalten können. In diesem Kapitel haben wir uns schließlich mit der Frage beschäftigt, was mit der fertiggestellten Dokumentation geschieht.

Damit haben wir jetzt einen vollständigen Zyklus im Sinne eines iterativen Vorgehens abgeschlossen und haben analysiert, was innerhalb dieses Zyklus in puncto Dokumentation sinnvoll und wichtig ist.

Abgeschlossen ist unsere Tätigkeit im Hinblick auf die Dokumentation damit natürlich nicht. Es liegt in der Natur des iterativen Vorgehens, dass sich die Abläufe wiederholen, wobei Mechanismen wie Retrospektiven und Reflexion hoffentlich dazu beitragen, dass wir von Iteration zu Iteration immer besser werden. Genau so sind auch die Muster zu verstehen, die wir in diesem Buch kennengelernt haben. Sie sind Teil eines iterativen Prozesses, in dem wir uns unserem Ziel stetig nähern und in dem wir die Dokumentation für unser Projekt sukzessive weiterentwickeln.

8 Zusammenfassung

8.1 Stellenwert bedarfsgerechter Dokumentation

In diesem Buch habe ich eine Reihe von Praktiken vorgestellt, die allesamt das Ziel haben, die Erstellung von Dokumentation im Projekt geradliniger und erfolgreicher zu machen.

Im Laufe dieses Buchs haben wir einige Grundprinzipien bedarfsgerechter Dokumentation kennengelernt und haben uns dann mit der Frage beschäftigt, wie eine gute Dokumentationsinfrastruktur aussehen kann. Anschließend haben wir analysiert, wie wir konkrete Dokumentationstätigkeiten in die iterativen Prozesse einbetten können, die wir typischerweise in agil durchgeführten Projekten vorfinden. In diesem Zusammenhang haben wir uns mit der Planung und konkreten Ausgestaltung der Dokumentation beschäftigt sowie mit der Frage, was mit der fertiggestellten Dokumentation passieren soll.

In der Summe stehen uns damit eine Reihe von Mustern (Patterns) zur Verfügung, deren Anwendung sich über den gesamten agilen Entwicklungsprozess hin erstreckt. Abbildung 8–1 verdeutlicht noch einmal den iterativen Charakter dieses Prozesses.

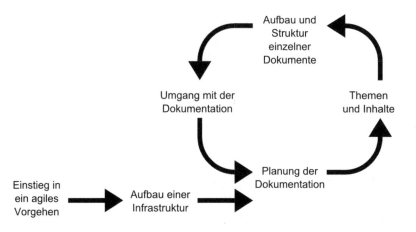

Abb. 8–1

Dokumentation im Zyklus agilen Vorgehens

Agile Haltung zur Dokumentation

Wie ein roter Faden zieht sich eine bestimmte Haltung durch sämtliche beschriebenen Praktiken, die sich mit den folgenden Punkten subsumieren lässt:

- Wir haben die Bereitschaft, die notwendige Dokumentation im Projekt zu erstellen.
- Wir haben den Mut, bestimmte Dokumentation für unnötig zu erklären, wenn wir Gründe dafür haben.
- Wir halten den Aufwand für die Dokumentation in Grenzen und nehmen uns nicht mehr vor, als wir schaffen können.
- Wir erstellen die Dokumente, die wir als notwendig ansehen, auch in vernünftiger Qualität.
- Wir prüfen regelmäßig, ob und wie wir unser Vorgehen in puncto Dokumentation verbessern können.

Es sollte klar sein, dass sich diese Haltung im Einklang mit den Prinzipien agiler Entwicklung befindet.

Tatsächlich befindet sie sich aber auch im Einklang mit Vorschlägen, die einige Koryphäen der Softwareentwicklung schon zu einer Zeit gemacht haben, lange bevor von agiler Entwicklung überhaupt die Rede war. Wagen wir also an dieser Stelle einen kurzen historischen Rückblick.

Vorschläge aus der präagilen Zeit

In ihrem Buch *Wien wartet auf Dich* (im englischen Original *Peopleware*) beschäftigen sich Tom DeMarco und Timothy Lister vor allem damit, wie wichtig Menschen (im Gegensatz zu Techniken und Prozessen) für den Erfolg von Softwareentwicklungsprojekten sind [DeMarco/Lister 1999]. Man kann argumentieren, dass sie mit ihrer Position schon 1987 (als die erste Auflage ihres Buchs erschien) ein Stück weit eine agile Haltung propagiert haben. In ihrem Buch gehen sie auch auf das Thema Dokumentation ein. Ein Satz ist besonders markant: »Voluminous documentation is part of the problem, not part of the solution«, zu Deutsch also: »Voluminöse Dokumentation ist Teil des Problems, nicht Teil der Lösung.« Diese Aussage bringt die Dinge auf den Punkt und kann bis heute als zentrale Erkenntnis zum Umfang von Dokumentation betrachtet werden.

Ein weiteres bekanntes Zitat findet sich im Buch *The Psychology of Computer Programming* von Gerald M. Weinberg, das ebenfalls den Schwerpunkt auf die Rolle von Menschen in der Softwareentwicklung legt [Weinberg 1998]. Dort heißt es: »Documentation is the castor oil of programming. Managers think it is good for programmers, and programmers hate it!«, zu Deutsch: »Dokumentation ist das Rizinusöl des Programmierens. Manager denken, dass Dokumentation gut für die Programmierer sei, aber Programmierer hassen sie.« Dies trifft insbesondere auf »von oben« verordnete Dokumentation zu, die nur geschrieben wird, weil es das Management so will oder die Prozessdefinition es verlangt. Weinberg ist aber nicht generell gegen Dokumentation eingestellt. Er schreibt weiter: »The value of documentation is only to be realized if the documentation is well done. If it is poorly done, it will be worse than no documentation at all«, zu Deutsch: »Der Wert von Dokumentation manifestiert sich nur, wenn die Dokumentation gut gemacht ist. Ist sie schlecht gemacht, so ist dies schlimmer als überhaupt keine Dokumentation.«

Die Praktiken in diesem Buch versuchen, der Problematik der verhassten Dokumentation zu begegnen und die Schärfe zu nehmen. Sie empfehlen ein pragmatisches Vorgehen, das sich nicht zuletzt auch an Erkenntnissen orientiert, die nicht unbedingt neu, aber nach wie vor gültig sind.

Die Einbettung in ein agiles Vorgehen hilft dabei immens, weil die agile Denkweise dazu anregt, immer wieder die Frage nach dem Sinn dessen zu stellen, was man tut, und auch entsprechend zu handeln.

8.2 Bedarfsgerechte Dokumentation in der täglichen Praxis

Zum Schluss möchte ich noch auf die Frage eingehen, was zu tun ist, um die in diesem Buch beschriebenen Praktiken in der Praxis einzusetzen.

Wie bereits zu Beginn des Buchs erwähnt, sind die meisten der hier vorgestellten Muster nicht eben schwierig oder kompliziert. In der Summe dienen sie als gutes Handwerkszeug zur Gestaltung der Dokumentation in einem Projekt. Auf den ersten Blick scheint die Anwendung der Praktiken keine besondere Herausforderung darzustellen.

Trotzdem ist die Einführung eines agilen Vorgehens im Hinblick auf Dokumentation nicht immer ganz einfach. Dies hat zwei Gründe:

- Zum einen betreffen die in diesem Buch vorgestellten Praktiken viele verschiedene Aspekte von Dokumentation. Wenn Sie die Praktiken einsetzen, dann hat das Auswirkungen auf den Inhalt der Dokumentation, auf die Qualität, auf die verwendete Technik sowie auf die zugrunde liegenden Prozesse, wie Abbildung 8–2 verdeutlicht. In der Summe sind die genannten Praktiken schon in der Lage, die Dokumentation in einem Projekt (und letztlich in einer ganzen Organisation) recht nachhaltig zu verändern.
- Zum anderen betreffen Änderungen an der Dokumentation zumeist viele Personen. Es gibt die potenziellen Autoren und die potenziellen Leser, es gibt die Personen, die für die Dokumentationswerk-

zeuge verantwortlich sind, es gibt Designer, Tester, Entwickler, Manager und noch viele andere Personen, die möglicherweise eine unterschiedliche Sicht auf Dokumentation einnehmen. Einen agilen Ansatz zur Dokumentation in die Praxis einzuführen bedeutet, all diese Personengruppen dazu zu bringen, sich wenigstens ein Stück weit auf diesen agilen Ansatz einzulassen.

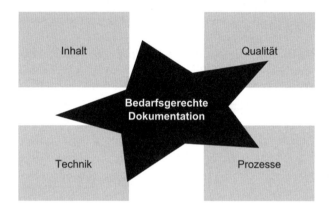

Abb. 8–2
Auswirkungen bedarfsgerechter Dokumentation

Was kann man also tun, um ein agiles Vorgehen bei der Dokumentation in die Praxis umzusetzen?

Schrittweise Einführung eines agilen Vorgehens

Eine ganze Reihe guter Vorschläge finden sich im Buch *Fearless Change* von Linda Rising und Mary Lynn Manns, das generell von der Einführung neuer Ideen in Unternehmen handelt [Rising/Manns 2005]. Die beiden Autorinnen beschreiben darin eine Vielzahl von Praktiken, die dabei helfen, neue Ideen zu entwickeln, Kritiker ins Boot zu holen, Widerstände zu überwinden und die Ideen letztlich einem breiteren Publikum zugänglich zu machen.

Auf das Thema bedarfsgerechter Dokumentation angewendet, kann ein solches Vorgehen folgendermaßen aussehen:

- Es ist sinnvoll, klein anzufangen. Die Erfolgsaussichten sind größer, wenn wir versuchen, ein agiles Vorgehen zunächst auf die Dokumentation in einem einzelnen Projekt anzuwenden, als wenn wir die Dokumentationsprozesse gleich organisationsweit verändern wollen. Am einfachsten stellt sich die Einführung einer agilen Dokumentationsstrategie bei einem neuen Projekt dar, das eben gestartet wird und nicht schon längere Zeit läuft.
- Es ist leichter, neue Ideen in die Praxis umzusetzen, wenn sie zunächst nur temporär eingeführt werden. Mögliche Widerstände gegen ein agiles Vorgehen können wir am besten dadurch aus dem Weg räumen, indem wir die neue, agile Methodik als Experiment betrachten und auch gegenüber Skeptikern so darstellen. Am Ende

des Experiments kann man prüfen, was funktioniert hat und was nicht, und entsprechende Schlüsse ziehen.
- Sinnvoll ist auch, Skeptiker in die Diskussion einzubeziehen. Dadurch, dass wir die Kritikpunkte anhören, können wir aktiv Widerstände abbauen. Wenn die Kritikpunkte berechtigt sind, hilft uns das außerdem, unser eigenes Vorgehen zu verbessern.
- Schließlich müssen wir aber auch deutlich machen, worin die Vorteile des agilen Vorgehens bestehen. Haben wir in einem Projekt mit einer agilen Haltung im Hinblick auf die Dokumentation Erfolge erzielt, dann ist es auch legitim, darauf hinzuweisen. Dadurch, dass wir die Vorteile deutlich machen, ebnen wir den Weg dafür, dass weitere Projekte einen agilen Ansatz verfolgen können.

Natürlich erfordert ein solches Vorgehen möglicherweise Anpassungen an bestehenden Prozessen. Diese Anpassungen sind umso größer, je traditioneller und prozesslastiger das bisherige Vorgehen war.

Anpassungen am bestehenden Vorgehen sind aber auch dann denkbar, wenn ein Projekt bereits nach einer agilen Methode arbeitet. Die Anwendung der in diesem Buch beschriebenen Muster kann in Einzelfällen solche Anpassungen mit sich bringen. Das ist durchaus legitim, solange es die Grundprinzipien agiler Entwicklung nicht verletzt. Letztlich sind agile Methoden im Kern auch Prozesse, die sich im Agilen Manifest bekanntlich ebenso auf der rechten Seite wiederfinden wie die Dokumentation [Agile Alliance 2001]. Prozesse können natürlich sinnvoll sein, wenn sie den am Projekt beteiligten Personen helfen und sie bei ihrer Tätigkeit unterstützen. Bei Bedarf können Prozesse aber auch an die gegebenen Rahmenbedingungen angepasst werden. Dies gilt für Scrum wie für jede andere agile Methode.

Schließlich gilt dieses Prinzip natürlich auch für die Muster, die ich in diesem Buch vorgestellt habe. Auch diese Praktiken sind nicht sakrosankt. Sie sind praxiserprobt und haben in der Vergangenheit in vielen Projekten gut funktioniert. Das bedeutet aber nicht, dass sie nicht ergänzt oder verbessert werden könnten. Auch hier besteht die agile Haltung darin, die Praktiken auszuprobieren, bei Gelegenheit darüber nachzudenken und falls erforderlich die Praktiken anzupassen, zu verfeinern oder zu ergänzen.

In diesem Sinne wünsche ich Ihnen als Lesern dieses Buchs viel Erfolg beim Einsatz der beschriebenen Muster in der Praxis, hoffe aber gleichermaßen, dass es Ihnen gelingt, die Praktiken im Kontext Ihrer Projekte weiterzuentwickeln.

A.1 Kurzfassungen der einzelnen Muster

Zur Übersicht finden sich im Folgenden nochmals die Kurzfassungen der einzelnen Muster in diesem Buch. Sie können diese Kurzfassungen als Checkliste nutzen, um Ihr Vorgehen in puncto Dokumentation zu prüfen und sich Anregungen für Ihre Projekte zu holen.

Einstieg in ein agiles Vorgehen

Orientierung am Leserkreis

Wie können wir vermeiden, dass Aufwand in die Erstellung von Dokumenten fließt, die dann doch nicht gelesen werden?

Die Erstellung von Dokumentation kann nur dann sinnvoll sein, wenn der Leserkreis konkret benannt werden kann.

Dokumentation langfristig relevanten Wissens

Wie können wir den Aufwand für die Erstellung der Dokumentation reduzieren, ohne dabei zu riskieren, dass wichtiges Wissen für spätere Projektphasen verloren geht?

Schriftliche Dokumentation ist sinnvoll, wenn sie Themen behandelt, die über die zeitlichen Grenzen des aktuellen Projekts hinaus langfristig relevant sind.

Skalierbare Dokumentation

Wie gehen wir mit der Einschränkung um, dass interaktiv geführte Diskussionen nur in kleineren Gruppen gut funktionieren?

Dokumentation kann als ergänzende Maßnahme sinnvoll sein, um wichtige Informationen schnell einem großen oder räumlich verteilten Personenkreis zugänglich zu machen.

Erkenntnisgewinn durch Dokumentation

Wie schaffen wir es, auch introvertierte Personen in die konzeptionelle Arbeit im Team zu integrieren?

Insbesondere in einem agilen Projekt ist es legitim, wenn Teammitglieder Konzepte (bis zu einem gewissen Grad) schriftlich ausarbeiten, um dabei bessere Ideen zu entwickeln oder tiefer in die Materie einzutauchen.

Infrastruktur und Werkzeuge

Wenige einfache Tools

Wie können wir vermeiden, dass die Erstellung der Dokumentation in einen komplizierten und schwer durchschaubaren Prozess mündet?

Die Erstellung sämtlicher Dokumente muss sich mit wenigen, allgemein verstandenen Tools bewerkstelligen lassen.

Wiki

Wie können wir eine arbeitsteilige Organisation der Dokumentation erreichen?

Zur Erstellung und zur Ablage von Projektdokumentation und Systemdokumentation ist ein Wiki hervorragend geeignet.

Bedarfsgerechte Formate

Wie können wir sicherstellen, dass Dokumente in den Formaten entstehen, die den Lesern maximale Unterstützung bieten?

Es ist sinnvoll, bei der Erstellung eines Dokuments genau das Format zu wählen, das den typischen Leser bei der Nutzung des Dokuments am meisten unterstützt, sofern dies mit vertretbarem Aufwand machbar ist.

Generierung unterschiedlicher Formate

Wie können wir einen ungebührlich hohen Aufwand bei der Erstellung von Dokumenten in unterschiedlichen Formaten vermeiden?

Durch die Nutzung bereits vorhandener Generierungstechniken lassen sich die benötigten Zielformate häufig auf einfache Art und Weise erzeugen. Idealerweise sind diese Techniken in die existierende Infrastruktur integriert.

Planung der Dokumentation

Lebendige Anforderungsdokumentation

Wie können wir vermeiden, dass große Mengen an Anforderungsspezifikationen entstehen, die entweder überhaupt nicht gelesen werden oder veralten, noch bevor die Software implementiert wird?

Anforderungsdokumentation ist in dem Maße nötig und wünschenswert, in dem sie den Entwicklern bei der Umsetzung der Anforderungen tatsächlich hilft. Dabei müssen Anforderungen erst zu dem Zeitpunkt beschrieben sein, zu dem mit der Implementierung der gewünschten Funktionalität begonnen wird. Die Anforderungsdokumentation wird im Laufe des Projekts sukzessive weiterentwickelt.

Einbindung der Kunden

Wie können wir ermitteln, in welchem Ausmaß und in welcher Form die Ergebnisse unseres Projekts dokumentiert werden müssen?

Es ist sinnvoll, mit dem Kunden eine aktive Diskussion über den Inhalt und den Umfang all der Dokumente zu führen, die später primär vom Kunden genutzt werden. Ein agiles Team wird dabei versuchen, den Kunden von den Vorteilen einer prägnanten, aber eben nicht ausufernden Dokumentation zu überzeugen.

Planungstransparenz

Wie können wir vermeiden, dass die Erstellung der notwendigen Dokumentation letztlich »vergessen« wird?

Die Projektplanung gewinnt an Transparenz, wenn die Erstellung von Dokumenten darin als Arbeitspaket einfließt wie andere Projekttätigkeiten auch. Damit können für Dokumentationsaufgaben Ressourcen eingeplant und Deadlines definiert werden.

Inkrementelle Dokumentation

Wie können wir vermeiden, dass Dokumente entstehen, die kurz darauf schon wieder veraltet sind, und gleichzeitig sicherstellen, dass wir mit der Dokumentationserstellung nicht ins Hintertreffen geraten?

Es ist sinnvoll, konzeptionelle Dokumente inkrementell zu erstellen. Mit jedem Update können Inhalte ergänzt oder aktualisiert werden. Idealerweise sind dabei die Zeiträume für einzelne Iterationen aber länger als bei der Softwareentwicklung.

Initiative für Fragen der Dokumentation

Wie können wir sicherstellen, dass der Überblick über die Dokumentation und die damit verbundenen Aufgaben nicht verloren geht?

Sinnvollerweise definiert ein Projekt einen Dokumentationsverantwortlichen, der proaktiv dokumentationsrelevante Themen aufgreift und als Ansprechpartner für alle Fragen der Dokumentation zur Verfügung steht.

Dokumentenreviews

Wie können wir eine hohe Qualität der Dokumentation sicherstellen?

Reviews der Dokumentation sind Bestandteil jedes agilen Projekts.

Auswahl der richtigen Inhalte

Der große Überblick

Welche Art von Dokumentation bietet einen guten Einstieg in die unterschiedlichen Themen eines Softwareentwicklungsprojekts?

Dokumentation, die einen Überblick über ein Projekt in all seinen Facetten gibt, ist für viele Projektbeteiligte über einen langen Zeitraum hinweg nützlich.

Motivation, Begründungen und Alternativen

Wie können wir die technischen Konzepte, die im Projekt entwickelt werden, innerhalb der Systemdokumentation in ihren Gesamtzusammenhang einordnen?

Die Systemdokumentation gewinnt immens an Nutzen, wenn sie nicht nur die gewählten Konzepte beschreibt, sondern auch die Alternativen, die betrachtet worden sind, sowie die Gründe, die für die Entscheidungen ausschlaggebend waren.

Drehbuch

Wie gelingt es, den Betrieb und die Nutzung von Systemen oder Komponenten nachvollziehbar zu beschreiben?

Nutzungsanleitungen sind am besten verständlich, wenn sie in Form eines Drehbuchs bereitgestellt werden.

Realistische Beispiele

Wie können wir die Verständlichkeit der Dokumentation sicherstellen?

Dokumente sind sehr viel zugänglicher für die Leser, wenn sie mit konkreten Beispielen arbeiten.

Gestaltung einzelner Dokumente

Klare Struktur

Wie können wir sicherstellen, dass sich die Leser leicht in einem Dokument zurechtfinden?

Jedes einzelne Dokument profitiert von einer klaren und übersichtlichen Struktur, die auch ein gewisses Maß an Querlesen erlaubt.

Richtlinien für die Leser

Wie lässt sich vermeiden, dass Leser Zeit in Dokumente investieren, die ihre Fragen dann doch nicht beantworten?

Jedes Projektdokument sollte mit Richtlinien für die Leser beginnen, die in kurzer und prägnanter Form klarmachen, für wen und in welcher Situation das Dokument geeignet ist.

Maßvoller Einsatz von Diagrammen

Wie lassen sich Strukturen, Prozesse und Zusammenhänge gut veranschaulichen?

Der punktuelle Einsatz von Diagrammen trägt spürbar zur Verständlichkeit der Materie bei.

Verbreiteter Einsatz von Tabellen

Wie lassen sich Informationen auf eindeutige Art und Weise und klar strukturiert vermitteln?

Ein verbreiteter Einsatz von Tabellen ermöglicht die systematische und übersichtliche Präsentation von Informationen.

Reichhaltige Verknüpfungen

Wie lassen sich Überschneidungen zwischen verschiedenen Dokumenten weitgehend vermeiden?

Onlinedokumente sollten die Möglichkeit nutzen, mit Hyperlinks auf andere Dokumente zu verwandten Themen zu verweisen bzw. auf Abschnitte, Textpassagen oder Abbildungen darin.

Leserfreundliches Layout

Wie können wir vermeiden, dass der äußere Eindruck eines Dokuments die Lesbarkeit beeinträchtigt?

Auch die Dokumentation in IT-Projekten profitiert von einem ansprechenden und leserfreundlichen Layout. Idealerweise stehen für unterschiedliche Dokumenttypen geeignete Templates zur Verfügung.

Umgang mit der Dokumentation

Aktive Verteilung

Wie vermeiden wir es, dass Dokumente auf dem Regal oder in irgendwelchen Projektverzeichnissen verstauben?

Dokumente können sehr viel mehr Nutzen entfalten, wenn die Autoren damit aktiv auf interessierte Leser zugehen.

Dokumentationslandschaft

Wie können wir sicherstellen, dass sich die Teammitglieder in der existierenden Dokumentation zurechtfinden?

Idealerweise entsteht im Projekt eine Dokumentationslandschaft – ein navigierbarer Raum, in dem die unterschiedlichen Projektdokumente in übersichtlicher Form abgelegt werden.

Anleitung zur Erstellung der Dokumentation

Wie lassen sich die Erkenntnisse zur Erstellung der Dokumentation langfristig nutzen?

Es ist sinnvoll, Retrospektiven auch dafür zu nutzen, Erkenntnisse über die Dokumentation zu gewinnen und diese Erkenntnisse in Best Practices einfließen zu lassen, die für zukünftige Projekte genutzt werden können.

Wissensmanagement

Wie können wir vermeiden, dass generelle Erkenntnisse, die sich ein Team im Laufe eines Projekts erarbeitet hat, für spätere Projekte verloren gehen?

Ein organisationsweites Wissensmanagement profitiert davon, wenn Projektretrospektiven auch zu dem Zweck genutzt werden, projektübergreifende Erkenntnisse zu sammeln und Ideen und Konzepte zu identifizieren, die über den aktuellen Projektkontext hinaus von Bedeutung sind.

A.2 Portfolio möglicher Dokumente

In diesem Buch sind wir an verschiedenen Stellen Aufgaben begegnet, die mit Dokumentation zu tun haben, die aber nicht in den Verantwortungsbereich einzelner Projekte fallen. Idealerweise gibt es in einer Organisation Personen, die sich mit projektübergreifenden Fragen der Dokumentation als Querschnittsthema beschäftigen. Dies schließt insbesondere die folgenden Themen ein:

- In einer Organisation müssen geeignete Dokumentationswerkzeuge zur Verfügung stehen. Dies kann sich sowohl auf die klassische Textverarbeitung beziehen wie auch auf ein WIKI (3.2). Möglicherweise können Projekte auch ihre eigenen Entscheidungen treffen, leichter ist es aber, wenn zum Beispiel Fragen der Installation und der Lizenzierung projektübergreifend geklärt werden.
- Es ist hilfreich, wenn für die Nutzung der Werkzeuge organisationsweit Templates zur Verfügung stehen, die sich durch ein LESERFREUNDLICHES LAYOUT (6.6) auszeichnen.
- Schließlich ist es hilfreich, wenn eine organisationsweite ANLEITUNG ZUR ERSTELLUNG DER DOKUMENTATION (7.3) den Projekten Tipps gibt, wie die Dokumentationswerkzeuge genutzt werden können und welche Templates vorhanden sind, aber auch welche Art von Projekt typischerweise welche Form der Dokumentation benötigt.

Um für diese Themen ein organisationsweites Konzept erarbeiten zu können, muss man sich Gedanken darüber machen, welche Dokumente für das Projektgeschäft überhaupt infrage kommen. Um die Beantwortung dieser Frage zu erleichtern, stellt dieser Anhang ein Portfolio möglicher Dokumente vor, unterteilt nach den verschiedenen Formen der Dokumentation, die wir in diesem Buch kennengelernt haben.

Dieses Portfolio kann den Ausgangspunkt für organisationsspezifische Überlegungen darstellen. Sie können es nutzen, wenn Sie eine ANLEITUNG ZUR ERSTELLUNG DER DOKUMENTATION (7.3) für Projekte in Ihrer Organisation entwickeln möchten.

Dabei ist es wichtig zu verstehen, dass ein Portfolio immer der Auswahl dient:

- Nicht alle Dokumente, die im Portfolio enthalten sind, werden notwendigerweise in jedem Projekt benötigt.
- Wird ein solches Portfolio unreflektiert eingesetzt, verführt es leicht dazu, zu viel dokumentieren zu wollen.
- Eine ANLEITUNG ZUR ERSTELLUNG DER DOKUMENTATION (7.3) sollte daher auch die Erfahrung widerspiegeln, dass in manchen Projekten manche Dokumente nicht erforderlich sind.

Generell stellt das Portfolio nur einen Ausgangspunkt dar, um zu einer individuellen Dokumentationsstrategie zu gelangen. Ein stereotypes Vorgehen, bei dem Projekten nahegelegt wird, alle denkbaren Dokumente der Reihe nach zu erstellen, ist eher kontraproduktiv.

Aus genau diesem Grund ist es auch so wichtig, Feedback aus den Projekten einzuholen, wenn man eine organisationsweite ANLEITUNG ZUR ERSTELLUNG DER DOKUMENTATION (7.3) ausarbeitet. Dieses Feedback (beispielsweise aus den Projektretrospektiven) ist essenziell, um sicherzustellen, dass sich die angestrebte Anleitung mit Fragen beschäftigt, die für die Projekte auch tatsächlich relevant sind. Das Portfolio kann Ihnen hierfür Ideen und Anregungen geben.

Projektdokumentation

Aus gutem Grund bildet die Projektdokumentation nicht den Schwerpunkt dieses Buchs. Unter Vertretern agiler Verfahren ist der Standpunkt relativ unumstritten, dass reine Projektdokumentation weitgehend vermieden werden sollte, weil sie über den Projektkontext hinaus kaum Bedeutung hat und innerhalb des Projekts vieles mündlich besser kommuniziert werden kann.

Trotzdem kann es sinnvoll sein, ein paar wichtige Dinge beispielsweise im WIKI (3.2) zu dokumentieren. Wir wollen daher auch mögliche Inhalte einer kurzen und prägnanten Projektdokumentation an dieser Stelle kurz skizzieren.

Tabelle A.2–1 geht zunächst auf die möglichen Themen ein, die zu einer Projektbeschreibung aus dem Blickwinkel von Planung und Management gehören. Im Anschluss nennt Tabelle A.2–2 eine Reihe von Informationen, die für die Teammitglieder nützlich sein können.

Projektbeschreibung		
Projektüberblick	▪ Vorhabensbeschreibung ▪ Ziele ▪ Vorstellung des Kunden ▪ Voraussetzungen für die Projektdurchführung ▪ Meilensteine/Zeithorizont ▪ Projektorganisation ▪ Vorstellung des Teams	
Planung	▪ Projektplan (z.B. Sprint-Planungen) ▪ Releaseplanung ▪ Aufwandsschätzungen (z.B. die Ergebnisse der Sprint-Planungen) ▪ Burndown-Charts	
Status	▪ Meeting-Protokolle ▪ Testprotokolle	

Tab. A.2–1
Projektbeschreibung

Nützliche Infos	
Informationen für Projekteinsteiger	▪ Aufbau der Entwicklungsumgebung ▪ Konfigurationsmanagement ▪ Testumgebungen ▪ Vorgehen beim Deployment

Tab. A.2–2
Nützliche Infos

Prozessdokumentation

Noch mehr als die Projektdokumentation hat die Prozessdokumentation im agilen Kontext einen schlechten Ruf, weil sie am meisten mit unnötigen Papierbergen und bürokratischem Vorgehen in Verbindung gebracht wird.

Sinnvollerweise beschränken wir uns bei der Prozessdokumentation in einem agilen Projekt auf ein paar allgemeingültige Spielregeln, die möglichst jeder im Projekt kennen sollte. Tabelle A.2–3 nennt Themen, die für die Dokumentation infrage kommen können.

Prozessdokumentation	
Prozesse	▪ Vorgehensmodell ▪ Richtlinien
Qualitätsanforderungen	▪ Qualitätsziele ▪ konstruktive Qualitätsmaßnahmen ▪ analytische Qualitätsmaßnahmen ▪ Zertifizierungen

Tab. A.2–3
Prozessdokumentation

Anforderungsdokumentation

In Kapitel 4 haben wir gesehen, dass in agilen Projekten versucht wird, die Dokumentation der Anforderungen kurz und knapp zu halten. Um das zu ermöglichen, verlangen agile Verfahren die enge Kooperation zwischen Fachbereich und Entwicklungsteam. Das Mittel der Wahl ist dann häufig eine LEBENDIGE ANFORDERUNGSDOKUMENTATION (4.1), bei der die einzelnen Anforderungen in Form von User Stories auf Karteikarten notiert und am Taskboard angebracht werden.

Dieses Vorgehen hat natürlich Einfluss auf die Dokumente, die im Rahmen des Anforderungsmanagements in agilen Projekten üblich sind. User Stories machen folglich einen Großteil der Anforderungsdokumentation aus. Allerdings ist es denkbar, dass zur Formulierung allgemeiner Anforderungen auch Dokumente entstehen, die über reine User Stories hinausgehen. Tabelle A.2–4 nennt dafür einige Kandidaten.

Tabelle A.2–5 geht dann auf die langfristige Verwaltung der eigentlichen User Stories ein. Tabelle A.2–6 bezieht sich hingegen auf die Verwaltung der User Stories, die aktuell bearbeitet werden.

Tab. A.2–4 Generelle Anforderungsbeschreibung

Generelle Anforderungsbeschreibung	
GUI	- GUI-Entwürfe - Wireframes - Screenshots
nicht funktionale Anforderungen	- Anforderungen an Performanz - Anforderungen an Speicherbedarf - Anforderungen an Robustheit/Verfügbarkeit - Anforderungen an Sicherheit - rechtliche Anforderungen, z.B. Datenschutz
Anforderungen an die Migration	- Anforderungen an die Datenmigration - Anforderungen an den Relaunch - Kompatibilitätsanforderungen

Tab. A.2–5 Vorausschauendes Anforderungsmanagement

Vorausschauendes Anforderungsmanagement	
Product Backlog	- User Stories oder Epics - grobe Aufwandsschätzungen

Tab. A.2–6 Aktuelles Anforderungsmanagement

Aktuelles Anforderungsmanagement	
Sprint Backlog	- User Stories - Akzeptanzkriterien

Systemdokumentation

Die Systemdokumentation dient vor allem dazu, die Wartbarkeit der Software zu gewährleisten und die Weichen für mögliche Weiterentwicklungen zu stellen.

Relevant ist in diesem Zusammenhang, dass aus der Dokumentation DER GROSSE ÜBERBLICK (5.1) über das System hervorgeht und dass Designentscheidungen mitsamt MOTIVATION, BEGRÜNDUNGEN UND ALTERNATIVEN (5.2) beschrieben werden.

Tabelle A.2–7 skizziert zunächst mögliche Inhalte einer Architekturdokumentation. Anschließend beschreibt Tabelle A.2–8, welche Inhalte für die Designdokumentation infrage kommen. Schließlich bildet auch die Testdokumentation einen Teil der Systemdokumentation. Mögliche Inhalte sind in Tabelle A.2–9 zusammengefasst.

Architekturdokumentation	
Architekturüberblick	▪ Ziele der Architektur ▪ Einbettung in die Systemlandschaft ▪ Beziehungen zu den Nachbarsystemen
Systemarchitektur	▪ Architekturstil (z.B. Webapplikation, Client-Server-Architektur, Schichtenarchitektur, Model-View-Controller usw.) ▪ Komponenten ▪ Verwendung von Frameworks (z.B. Struts, Spring MVC)
Beschreibung der nicht funktionalen Eigenschaften	▪ Performanz ▪ Speicherbedarf ▪ Robustheit/Verfügbarkeit ▪ Sicherheit ▪ Datenschutz

Tab. A.2–7
Architekturdokumentation

Tab. A.2-8
Designdokumentation

Designdokumentation	
Datenmodell	▪ Entitäten ▪ Beziehungen ▪ Mengengerüste
Zustandsmodell	▪ Ereignisse ▪ Zustände
Klassenhierarchie	▪ Klassen und ihre Beziehungen (z.B. als UML-Diagramme) ▪ Interfaces
GUI	▪ Interaktionsmodelle ▪ Frameworknutzung (z.B. Swing)
Funktionalität	▪ Business-Logik ▪ Algorithmen
Persistenz	▪ Datenbankzugriff ▪ Transaktionen ▪ Frameworknutzung (z.B. Hibernate)
Richtlinien	▪ Coding-Richtlinien ▪ Namenskonventionen ▪ Entwicklungsumgebung ▪ Versionierung
Querschnittsthemen	▪ Mandantenfähigkeit ▪ Historisierung von Anwendungsdaten ▪ Rollen und Berechtigungen ▪ Mehrsprachigkeit
Migrationskonzept	▪ Migrationsstrategie (Big Bang vs. Staging) ▪ Validierung/Plausibilisierung ▪ Datenbereinigung

Tab. A.2-9
Testdokumentation

Testdokumentation	
Testkonzept	▪ Unit Tests ▪ Systemtests ▪ Regressionstests ▪ angestrebte Testfallüberdeckung

Produktdokumentation

Die Produktdokumentation richtet sich vor allem an die Personen, die die Software betreiben und nutzen. Wichtig ist in diesem Zusammenhang, dass die Produktdokumentation »eine Sprache spricht«, die ihre Leser auch verstehen. Die Empfehlung lautet, Anleitungen im Stil ähnlich wie ein DREHBUCH (5.3) zu verfassen und zur Veranschaulichung REALISTISCHE BEISPIELE (5.4) einzusetzen.

Die folgenden Tabellen nennen die Dokumente, die in diesem Zusammenhang oft entstehen. Tabelle A.2–10 führt mögliche Themen eines Nutzungshandbuchs an. Tabelle A.2–11 listet potenzielle Inhalte für ein Installationshandbuch auf. Schließlich fasst Tabelle A.2–12 die möglichen Inhalte eines Betriebshandbuchs zusammen.

Nutzungshandbuch	
Überblick	Zielsetzung
Typische Szenarien	Tutorial Beispiele
Details	Konfigurationseinstellungen
Glossar	wichtige fachliche Begriffe wichtige technische Begriffe

Tab. A.2–10
Nutzungshandbuch

Installationshandbuch	
Installationsanleitungen	Tutorial Beispiele Deployment-Skripte
Konfiguration	Platzbedarf Firewalls

Tab. A.2–11
Installationshandbuch

Betriebshandbuch	
Betriebsanleitungen	Tutorial Beispiele Startup Shutdown
Konfiguration	Benutzerverwaltung Rollen und Berechtigungen
Troubleshooting	Überwachungsmechanismen Notfallprozeduren

Tab. A.2–12
Betriebshandbuch

A.3 Glossar

Das folgende Glossar erklärt wesentliche Begriffe aus dem Umfeld von Dokumentation und agiler Entwicklung. Wenn innerhalb einer Erklärung ein Wort kursiv gesetzt ist, bedeutet dies, dass auch dieser Begriff einen Eintrag im Glossar hat.

Agile Entwicklung
Oberbegriff für Verfahren in der Softwareentwicklung, die auf den im *Agilen Manifest* genannten Prinzipien basieren. Markenzeichen agiler Entwicklung sind insbesondere die enge Kooperation aller beteiligten Personen, die regelmäßige Auslieferung von Software, die Fähigkeit zur Reaktion auf veränderte Rahmenbedingungen sowie die regelmäßige Reflexion des eigenen Vorgehens. Verschiedene *Agile Methoden* haben die Prinzipien agiler Entwicklung auf unterschiedliche Weise konkretisiert.

Agile Methode
Eine Softwareentwicklungsmethode, die auf den Prinzipien der *agilen Entwicklung* basiert – insbesondere den Prinzipien, die im *Agilen Manifest* genannt sind. Bekannte agile Methoden sind *XP*, *Scrum* und *Kanban*.

Agile Modeling
Eine *agile Methode*, die den Schwerpunkt auf die Modellierungsaspekte in Projekten legt und dort ein leichtgewichtiges Vorgehen empfiehlt [Ambler 2002].

Agiles Manifest
Ein Manifest, in dem die Grundzüge *agiler Entwicklung* beschrieben sind. Das Agile Manifest entstand im Februar 2001 als Resultat eines Workshops von 17 amerikanischen IT-Experten [Agile Alliance 2001]. Es betont insbesondere die Wichtigkeit der folgenden Aspekte für ein erfolgreiches Projekt: 1. Individuen und Interaktionen, 2. funktionierende Software, 3. Zusammenarbeit mit dem Kunden und 4. Reagieren auf Veränderungen.

Akzeptanzkriterien
Bei *Scrum* sind das die Kriterien, die zur Abnahme einer *User Story* herangezogen werden. Eine *User Story* gilt als umgesetzt und abgenommen, wenn die Software nach Auffassung des *Product Owner* die Akzeptanzkriterien erfüllt.

Backlog
Der Begriff Backlog wird in vielen *agilen Methoden* verwendet und bezeichnet den Katalog der noch zur Bearbeitung anstehenden Anforderungen. Häufig wird gefordert, dass die Anforderungen im Backlog eine Aufwandsschätzung erfahren und priorisiert sind. *Scrum* kennt beispielsweise zwei verschiedene Backlogs: zum einen das *Product Backlog*, das sämtliche bekannten Anforderungen an die zu erstellende Software enthält, und zum anderen das *Sprint Backlog*, das die Anforderungen umfasst, die im aktuellen *Sprint* umgesetzt werden sollen.

Crystal
Eine Familie *agiler Methoden*, die abhängig von der Anzahl der Projektbeteiligten und von der Kritikalität des Projekts verschiedene Strategien zur Kommunikation und zur Qualitätssicherung vorschlagen [Cockburn 2002].

DevOps
Ein agiler Ansatz, Softwareentwicklung und Betrieb einander näherzubringen. Zentrale Aspekte sind die enge Kooperation der beteiligten Personen sowie regelmäßige und weitgehend automatisierte Deployment-Prozesse.

Dokument
Ein Artefakt, das Wissen über einen bestimmten Sachverhalt schriftlich fixiert. In Projekten beschreiben Dokumente häufig Anforderungen oder Konzepte. Dokumente können unterschiedliche Formate haben, beispielsweise die traditionelle, auf Papier ausdruckbare Form und *Hypertext*.

Dokumentation
Sowohl die Gesamtheit der *Dokumente* in einem Projekt oder in einer Organisation wie auch der Prozess zur Erstellung dieser *Dokumente*. Als Prozess kann Dokumentation eine Reihe von Schritten umfassen, beispielsweise Themenfindung, Schreiben, Review, Formatierung und Verbreitung.

Epic
Bei *Scrum* eine allgemeinere Beschreibung einer Anforderung, die sich auf mehr bezieht, als in einer *User Story* ausgedrückt werden kann. Ein Epic ist vom Detaillierungsgrad gröber als eine *User Story* und wird vor allem im *Product Backlog*, weniger im *Sprint Backlog* verwendet.

Feature-Driven Development (FDD)
Feature-Driven Development gehört als leichtgewichtiges Verfahren zumindest zum erweiterten Kreis der *agilen Methoden*. FDD legt bei der Entwicklung von Software den Schwerpunkt auf die Definition einzelner Features, die dann entsprechend einer geeigneten Priorisierung entwickelt werden können [Palmer/Felsing 2002].

Hypertext
Elektronischer Text, der um Verweise auf andere Texte oder Textbestandteile angereichert ist. Die Verweise erlauben eine Navigation durch den Text in seiner Gesamtheit und ermöglichen so ein interaktives Lesen. Hypertext ist die Grundlage für die Darstellung von Information im Web.

Inkrement
Ein Stück Software, das bei *inkrementeller Entwicklung* innerhalb einer *Iteration* entsteht. Jedes Inkrement wird der zuvor gebauten Software hinzugefügt. Die Gesamtheit aller Inkremente bildet das Gesamtergebnis.

Inkrementelle Entwicklung
Eine spezielle Form der *iterativen Entwicklung*, bei der von vornherein die Absicht besteht, die insgesamt benötigte Software Schritt für Schritt in einzelnen Paketen, den sog. *Inkrementen*, auszuliefern. Jede *Iteration* wird also für die Entwicklung und Auslieferung eines Teils des Gesamtergebnisses genutzt.

Iteration
Ein Schritt im Sinne der *iterativen Entwicklung*. In der *agilen Entwicklung* erstreckt sich eine Iteration typischerweise über ein Intervall von wenigen Wochen. Ein Beispiel für Iterationen sind die *Sprints* bei *Scrum*.

Iterative Entwicklung
Eine Form der Softwareentwicklung, die die Notwendigkeit eines schrittweisen Vorgehens betont, bei dem sich die entwickelte Software mit jedem Schritt dem Ziel nähert, etwa was den Umfang oder die Qualität anbetrifft. Iterative Entwicklung ist motiviert durch die Beobachtung, dass es Menschen in der Regel nicht gelingt, komplexe Auf-

gaben auf einen Schlag zufriedenstellend zu erledigen, sondern dass sich durch schrittweises Vorgehen und die damit verbundenen Lerneffekte bessere Ergebnisse erzielen lassen.

Kanban
Eine *agile Methode*, die auf Erkenntnissen aus der Fertigungstechnik basiert. Kanban versucht durch die Reduktion paralleler Arbeit den gesamten Fluss aller Projekttätigkeiten zu erhöhen. Dieser Fluss wird bei Kanban, ähnlich wie bei anderen Verfahren auch, mithilfe eines *Taskboards* visualisiert [Anderson 2011].

Product Backlog
Bei *Scrum* der *Backlog* aller bekannten Anforderungen an die zu erstellende Software.

Product Owner
Eine Rolle bei *Scrum*. Der Product Owner ist Experte für das Anwendungsgebiet und repräsentiert den Fachbereich. Der Product Owner formuliert die Anforderungen an die Software, typischerweise in Form sog. *User Stories*.

Retrospektive
Veranstaltung, bei der ein Team einen Rückblick auf einen abgeschlossenen Projektabschnitt hält. Ziel einer Retrospektive ist die stetige Verbesserung des eigenen Vorgehens und bei Bedarf die Anpassung des Vorgehens an veränderte Rahmenbedingungen. Regelmäßige Retrospektiven sind Bestandteil vieler *agiler Methoden*, zum Beispiel von *Scrum* und *Kanban*.

Scrum
Eine *agile Methode* (oder genauer ein agiles Methodenframework, das eine Anpassung an individuelle Anforderungen zulässt) [Schwaber/ Beedle 2008; Pichler 2007; Pichler 2012; Cohn 2010; Wolf/van Solingen/Rustenburg 2010; Gloger 2011; Wirdemann 2011; Pichler/ Roock 2011]. Scrum zeichnet sich aus durch *inkrementelle Entwicklung*, bei der in regelmäßigen Intervallen, den sog. *Sprints*, jeweils ein Stück Software fertiggestellt und ausgeliefert wird. Zur Vorbereitung eines Sprints wählt der *Product Owner* aus dem *Product Backlog* des Projekts die Anforderungen aus, die mit der höchsten Priorität umgesetzt werden sollen. In der *Sprint-Planung* ermittelt das Team die zur Umsetzung erforderlichen *Tasks* und schätzt dafür den Aufwand. Die *User Stories*, deren Umsetzung für den *Sprint* realistisch erscheinen, bilden das *Sprint Backlog*. Während des *Sprints* werden die dazugehörigen *Tasks* der Priorität nach abgearbeitet. Am Ende des *Sprints* wird

die fertiggestellte Software im *Sprint-Review* vorgestellt und (sofern sie fehlerfrei ist) abgenommen. Außerdem findet am Ende jedes *Sprints* im Team eine *Retrospektive* statt.

Sprint
Ein Zeitraum weniger Wochen innerhalb eines *Scrum*-Projekts, in dem ein *Inkrement* der Software fertiggestellt wird. Jeder Sprint beginnt mit der *Sprint-Planung* und endet mit *Sprint-Review* und Sprint-Retrospektive. In der ursprünglichen Literatur von *Scrum* ist noch von Sprints von 30 Tagen Dauer die Rede, wohingegen heute in *Scrum*-Projekten am häufigsten zwei- oder dreiwöchige Sprints anzutreffen sind.

Sprint Backlog
Bei *Scrum* das *Backlog* der Anforderungen, deren Umsetzung innerhalb des aktuellen *Sprints* geplant ist. Die Anforderungen sind typischerweise als *User Stories* mit *Akzeptanzkriterien* beschrieben. Sie sind außerdem priorisiert.

Sprint-Planung
In *Scrum*-Projekten eine Veranstaltung zu Beginn jedes *Sprints*, bei der Aufgaben des anstehenden *Sprints* geplant werden. Insbesondere sind dies die Identifizierung der konkreten *Tasks*, die zur Umsetzung der geplanten *User Stories* erforderlich sind, sowie eine Aufwandsschätzung dafür. Diese Aufwandsschätzung ist die Basis für die Entscheidung, welche *User Stories* im *Sprint* anvisiert werden.

Sprint-Review
In *Scrum*-Projekten eine Veranstaltung gegen Ende eines *Sprints*, bei der die entwickelte Software vorgestellt werden. Der *Product Owner* nimmt dabei einzelne *User Stories* ab, sofern die Software die entsprechenden *Akzeptanzkriterien* erfüllt.

Task
Eine Aufgabe, die zur Umsetzung einer *User Story* erforderlich ist. In *Scrum*-Projekten werden die für den aktuellen *Sprint* geplanten Tasks auf einem sog. *Taskboard* dargestellt. Durch die Positionierung wird deutlich, ob ein Task geplant ist, ob bereits daran gearbeitet wird oder ob er schon abgeschlossen ist. Auch bei *Kanban* spielen Tasks eine zentrale Rolle. *Kanban* versucht, die Arbeitsschritte zur Abarbeitung der Tasks so zu organisieren, dass in der Summe ein möglichst gleichmäßiger Fluss von Tätigkeiten entsteht.

Taskboard
Eine Tafel, die zur Visualisierung der geplanten, der in Arbeit befindlichen und der abgeschlossenen Aufgaben (*Tasks*) eines Projekts (oder Projektabschnitts) dient. Ursprünglich ist mit einem Taskboard tatsächlich eine physische Tafel der Größe von ca. 2 Meter mal 3 Meter gemeint, die in einem Teamraum aufgestellt wird und auf der Karteikarten platziert werden, auf denen die einzelnen *Tasks* notiert sind. Typischerweise werden die *Tasks* in Spalten für »Geplant«, »in Arbeit« und »Erledigt« (sowie eventuell weiteren) angeordnet. Mittlerweile gibt es auch Tools, mit denen sich elektronische Taskboards realisieren lassen. Viele agile Teams favorisieren allerdings nach wie vor die physischen Taskboards, weil diese viel mehr als ihre elektronischen Simulationen eine Übersicht über die *Tasks* in ihrer Gesamtheit geben. Taskboards spielen bei verschiedenen *agilen Methoden* eine große Rolle, beispielsweise bei *Scrum* und *Kanban*.

Team
Personen, die an einem Projekt beteiligt sind.

Template
Vorlage zur Erstellung des *Dokuments* eines bestimmten Typs. Ein Template legt die Seitengeometrie fest und definiert unterschiedliche Paragraphentypen, denen jeweils Formatierungen wie Schriftart, Schriftgröße, Abstände usw. zugewiesen werden. Viele Dokumentationswerkzeuge erlauben die Definition von Templates, um es den Benutzern zu erleichtern, eine Vielzahl von *Dokumenten* mit identischer Formatierung zu erstellen. Dies gilt gleichermaßen für klassische Textverarbeitungssysteme wie für *Wikis* (wenngleich bei *Wikis* die Formatierungsmöglichkeiten limitiert sind).

Use Case
Ein Anwendungsfall, mit dem sich die Anforderungen an eine spezielle Funktion eines Softwaresystems formulieren lassen. Ein Use Case beschreibt typischerweise ein Szenario in Form einer Reihe von Arbeitsschritten, die ein Benutzer mithilfe der Software durchführen will. Der Use Case nennt in diesem Zusammenhang oft Vor- und Nachbedingungen und geht auf Fallunterscheidungen ein. Gelegentlich werden Use Cases zur Verdeutlichung auch Diagramme hinzugefügt.

User Story
Eine User Story ist eine Geschichte, die eine Anforderung an ein Softwaresystem aus Sicht eines Benutzers beschreibt. Die Formulierung ist üblicherweise kurz, in der Regel kürzer und weniger formell als *Use*

Cases. Oft werden User Stories auf Karteikarten der Größe DIN A6 notiert. In den meisten *agilen Methoden* werden User Stories zur prägnanten Beschreibung von Anforderungen genutzt. Eine Sammlung von User Stories bildet dann das *Backlog* des Projekts.

XP (eXtreme Programming)
Eine der ersten *agilen Methoden*. XP ist vor allem für inkrementellen Entwurf, testgetriebene Entwicklung, kontinuierliche Integration und Pair Programming bekannt geworden [Beck 2000; Wolf/Roock/Lippert 2005].

Wiki
Software zur kollektiven Erstellung von Dokumenten im *Hypertext*-Format. Der Kollektivität wird dadurch Rechnung getragen, dass Inhalte nicht auf einige wenige Dokumente verteilt sind, sondern auf viele miteinander verbundene Wiki-Seiten, wodurch es ermöglicht wird, dass viele Personen gleichzeitig an einer Dokumentation arbeiten. Ein Wiki stellt elementare Formatierungsmechanismen zur Verfügung und erlaubt die Integration von Diagrammen und anderen Objekten. Viele Wikis enthalten Mechanismen zur Synchronisierung von parallelen Schreibzugriffen verschiedener Benutzer und bieten eine Versionierung an. Am Markt sind eine Vielzahl unterschiedlicher Wikis verfügbar.

Literatur

[Agile Alliance 2001] The Agile Manifesto. www.AgileAlliance.org, 2001.

[Ambler 2002] Scott W. Ambler: Agile Modeling – Effective Practices for eXtreme Programming and the Unified Process. John Wiley & Sons, 2002.

[Anderson 2011] David J. Anderson: Kanban: Evolutionäres Change Management für IT-Organisationen. dpunkt.verlag, 2011. (Englische Originalausgabe: Successful Evolutionary Change for Your Technology Business. Blue Hole Press, 2010.)

[Beck 2000] Kent Beck: Extreme Programming Explained – Embrace Change. Addison-Wesley, 2000.

[Beckers 2011] Marc Beckers: Darf's ein bisschen weniger sein? Erfolgreich dokumentieren in agilen Entwicklungsprojekten? OBJEKTspektrum, Mai/Juni 2011.

[Cockburn 2001] Alistair Cockburn: Writing Effective Use Cases. Addison-Wesley, 2001.

[Cockburn 2002] Alistair Cockburn: Agile Software Development. Addison-Wesley, 2002.

[Cohn 2010] Mike Cohn: Agile Softwareentwicklung – Mit Scrum zum Erfolg! Addison-Wesley, 2010. (Englische Originalausgabe: Succeeding with Agile: Software Development Using Scrum. Addison-Wesley Longman, 2009.)

[Coldewey 2011] Jens Coldewey: Vorhersage des Unvorhersehbaren – Langfristige Planung in agilen Vorhaben. OBJEKTspektrum, März/April 2011.

[Coplien/Harrison 2005] James O. Coplien, Neil B. Harrison: Organizational Patterns of Agile Software Development. Pearson Prentice Hall, 2005.

[DeMarco/Lister 1999] Tom DeMarco, Timothy Lister: Wien wartet auf Dich! Der Faktor Mensch im DV-Management. Hanser, 1999. (Englische Originalausgabe: Peopleware – Productive Projects and Teams. Dorset House, 1999.)

[Eckstein 2011] Jutta Eckstein: Agile Softwareentwicklung in großen Projekten – Teams, Prozesse und Technologien – Strategien für den Wandel im Unternehmen. dpunkt.verlag, 2. Auflage, 2011.

[Fowler 1999] Martin Fowler: Refactoring – Improving the Design of Existing Code. Addison-Wesley, 1999.

[Friedrichsen 2011] Uwe Friedrichsen: Was muss, was kann, und was geht gar nicht? Optimale Systemdokumentation mit agilen Prinzipien. OBJEKTspektrum, Mai/Juni 2011.

[Glazer/Dalton/Anderson/Konrad/Shrum 2008] Hillel Glazer, Jeff Dalton, David Anderson, Michael Konrad, Sandra Shrum: CMMI or Agile – Why Not Embrace Both! Software Engineering Institute, Carnegie Mellon University, 2008 (CMU/SEI-2008-TN-003). *http://www.sei.cmu.edu/library/abstracts/reports/08tn003.cfm*.

[Gloger 2011] Boris Gloger: Scrum – Produkte zuverlässig und schnell entwickeln. Carl Hanser Verlag, 2011.

[Gulbins/Kahrmann 1992] Jürgen Gulbins, Christine Kahrmann: Mut zur Typographie. Springer-Verlag, 1992.

[Haramundanis 1998] Katherine Haramundanis: The Art of Technical Documentation. Butterworth-Heinemann, 1998.

[Kerth 2001] Norman Kerth: Project Retrospectives. Dorset House, 2001.

[König 2011] Dierk König: Agiles Manifest IV – Umfassende Dokumentation. OBJEKTspektrum, März/April 2011.

[Kruchten 1998] Philippe Kruchten: The Rational Unified Process. Addison-Wesley, 1998.

[Leuf/Cunningham 2001] Bo Leuf, Ward Cunningham: The Wiki Way. Addison-Wesley, 2001.

[Link 2009] Johannes Link: Agile Akzeptanztests – Vision, Praxis und Werkzeuge. OBJEKTspektrum, September/Oktober 2009.

[Mader 2008] Stewart Mader: wikipatterns. John Wiley & Sons, 2008.

[Morville 2005] Peter Morville: Ambient Findability – What We Find Changes Who We Become. O'Reilly, 2005.

[Oestereich/Weiss 2007] Bernd Oestereich, Christian Weiss: APM – Agiles Projektmanagement – Erfolgreiches Timeboxing für IT-Projekte. dpunkt.verlag, 2007.

[Palmer/Felsing 2002] Stephen R. Palmer, John M. Felsing: A Practical Guide to the Feature Driven Development. Prentice Hall, 2002.

[Parson 2011] Ulrike Parson: Im Team schreiben – Dokumentation von technischen Schnittstellen mit Wikis. OBJEKTspektrum, Mai/Juni 2011.

[Peschlow 2011] Patrick Peschlow: Die DevOps-Bewegung – Was ist das eigentlich und was bedeutet es für uns? Javamagazin 1.2012, Dezember 2011.

[Pichler 2007] Roman Pichler: Scrum – Agiles Projektmanagement erfolgreich einsetzen. dpunkt.verlag, 2007.

[Pichler 2012] Roman Pichler: Agiles Produktmanagement mit Scrum – So entwickeln Sie Produkte, die begeistern. Addison-Wesley, 2012. (Englische Originalausgabe: Agile Product Management with Scrum – Creating Products That Customers Love. Addison-Wesley Longman, 2010.)

[Pichler/Roock 2011] Roman Pichler, Stefan Roock (Hrsg.): Agile Entwicklungspraktiken mit Scrum. dpunkt.verlag, 2011.

[Poppendieck/Poppendieck 2003] Mary Poppendieck, Tom Poppendieck: Lean Development – An Agile Toolkit for Software Development Leaders. Addison-Wesley, 2003.

[Rising/Manns 2005] Linda Rising, Mary Lynn Manns: Fearless Change – Patterns for Introducing New Ideas. Addison-Wesley, 2005.

[Röpstorff/Wiechmann 2012] Sven Röpstorff, Robert Wiechmann: Scrum in der Praxis – Erfahrungen, Problemfelder und Erfolgsfaktoren. dpunkt.verlag, 2012.

[Rumbaugh/Jacobsen/Booch 1998] James Rumbaugh, Ivar Jacobsen, Grady Booch: The Unified Modeling Language Reference Manual. Addison-Wesley, 1998.

[Rüping 2003] Andreas Rüping: Agile Documentation – A Pattern Guide to Producing Lightweight Documents for Software Projects. John Wiley & Sons, 2003.

[Rüping 2011] Andreas Rüping: Von agilen Verfahren lernen – Auf dem Weg zu bedarfsgerechter Dokumentation. OBJEKTspektrum, Mai/Juni 2011.

[Schneider 1996] Wolf Schneider: Deutsch für Kenner – Die neue Stilkunde. Piper, 1996.

[Schneider 1999] Wolf Schneider: Deutsch für Profis – Wege zu gutem Stil. Goldmann, 1999.

[Schwaber/Beedle 2008] Ken Schwaber, Mike Beedle: Agile Software Development with Scrum. Pearson Education, 2008. (Frühere Fassung: Agile Software Development with Scrum. Prentice Hall, 2002.)

[Tinker 1963] Miles A. Tinker: Legibility of Print. Iowa State University Press, 1963.

[Tufte 1992] Edward R. Tufte: The Visual Display of Quantitative Information. Graphics Press, 1992.

[Tufte 1997] Edward R. Tufte: Visual Explanations – Images and Quantities, Evidence and Narrative. Graphics Press, 1997.

[Weinberg 1998] Gerald M. Weinberg: The Psychology of Computer Programming. Silver Anniversary Edition, Dorset House, 1998.

[West 1990] Suzanne West: Working with Style – Traditional and Modern Approaches to Layout and Typography. Watson Guptill, 1990.

[Westphal 2005] Frank Westphal: Testgetriebene Entwicklung mit JUnit und FIT – Wie Software änderbar bleibt. dpunkt.verlag, 2005.

[Wirdemann 2011] Ralf Wirdemann: Scrum mit User-Stories. Carl Hanser Verlag, 2. Auflage, 2011.

[Wolf 2011] Henning Wolf (Hrsg.): Agile Projekte mit Scrum, XP und Kanban im Unternehmen durchführen – Erfahrungsberichte aus der Praxis. dpunkt.verlag, 2. Auflage, 2011.

[Wolf/Bleek 2010] Henning Wolf, Wolf-Gideon Bleek: Agile Softwareentwicklung. dpunkt.verlag, 2010.

[Wolf/Roock/Lippert 2005] Henning Wolf, Stefan Roock, Martin Lippert: eXtreme Programming – Eine Einführung mit Empfehlungen und Erfahrungen aus der Praxis. dpunkt.verlag, 2005.

[Wolf/van Solingen/Rustenburg 2010] Henning Wolf, Rini van Solingen, Eelco Rustenburg: Die Kraft von Scrum – Inspiration zur revolutionärsten Projektmanagement-Methode. Addison-Wesley, 2010.

Index

A

agile Dokumentation 15
agile Kultur 121
agile Methode 1, 6
agile Modeling 7
Agiles Manifest 5, 26, 46, 50, 115
agiles Vorgehen 15, 133
    schrittweise Einführung 134
Agilität in großen Projekten 23
Akzeptanztest 53
Anforderungsdokumentation 50, 146
Anforderungsmanagement 53
Anleitung zur Erstellung der Dokumentation 121
arbeitsteilige Organisation der Dokumentation 33
Architekturbeschreibung 98
Architekturdokumentation 68
Auffindbarkeit von Information 118
Aufwand für Dokumentation 20, 63

B

bedarfsgerechte Dokumentation 10, 16, 131, 133
bedarfsgerechte Formate 39
Best Practices 122
Big Picture 81

C

Capability Maturity Model Integration (CMMI) 3
Checkliste 123, 124
CMMI *siehe Capability Maturity Model Integration*

Codekommentar 41
Cookbook 87
Crystal 6

D

Daily Scrum 115
Definition of Done 58
Designdiagramme 98
DevOps 7, 87
Diagramme 97
    Architekturbeschreibung 98
    Design~ 98
    Einsatz 97
    GUI-Skizzen 98
    Screenshots 98
    UML-~ 99
Digitalkamera 100
Dokumentation
    agile 15
    aktive Verteilung 114
    Anforderungs~ 50, 146
    Anleitung zur Erstellung 121
    arbeitsteilige Organisation 33
    Architektur~ 68
    Aufwand 20
    bedarfsgerechte 10, 16, 131, 133
    Erstellung 30
    Experten 70
    inkrementelle 64, 66
    konzeptionelle 68
    Lesbarkeit 91
    Leserkreis 16
    Missbrauch 118
    Nutzen 17

Dokumentation (Fortsetzung)
    Nutzungs~ 89
    Online~ 103
    Portfolio 123
    Produkt~ 15, 55, 57, 85, 114, 115, 149
    Projekt~ 15, 34, 96, 114, 115, 144
    Prozess~ 16, 145
    Qualität 74
    Schnittstelle 41
    schriftliche 21
    skalierbare 22
    strukturierte 93
    System~ 15, 34, 56, 57, 68, 82, 114, 117, 147
    technische 89
    Umfang 17
    Umgang 113
    unstrukturierte 93
    Verantwortlicher 70, 125
    Verständlichkeit 88
Dokumentationsanleitung 123
Dokumentationserstellung 30
    Anleitung zur 121
Dokumentationsexperten 70
Dokumentationslandschaft 118
Dokumentationsportfolio 123
Dokumentationsverantwortlicher 70, 125
Dokumente
    Gestaltung einzelner ~ 91
    konzeptionelle 65
    Online~ 103
    Richtlinien für die Leser 95
    Struktur 92
    Überblick 81
    Überschneidungen 103
    Verknüpfungen 103
Dokumentenreview 73
Drehbuch 85

E

Einbindung der Kunden 55
Entwicklung, inkrementelle 64
Erkenntnisgewinn 25
eXtreme Programming (XP) 6

F

FDD *siehe Feature-Driven Development*
Feature-Driven Development (FDD) 7
Feedback 121
Flexibilität 4
Formate 40
    bedarfsgerechte 39
    Generierung von 42
    unterschiedliche 42

G

Generierungstechniken 43
Glossar 88

H

Hyperlinks 103

I

Informationen, Auffindbarkeit von 118
Infrastruktur 29
Inhalt, Auswahl 79
inkrementelle Dokumentation 64, 66
inkrementelle Entwicklung 64
ISO 9000 3
Iteration 50

K

Kanban 7
Kommunikation 10, 117
konzeptionelle Dokumentation 68
konzeptionelle Dokumente 65
Konzept, technisches 82
Kooperation 76

L

langfristig relevantes Wissen 20
Layout
    leserfreundliches 105
    Prinzipien 107
Lean Development 7
Lerneffekt 121
Lesbarkeit der Dokumentation 91
leserfreundliches Layout 105
Lessons Learned 121

M
Missbrauch der Dokumentation 118
Muster *siehe Patterns*

N
Nutzen der Dokumentation 17
Nutzungsdokumentation 89

O
Onlinedokumentation 103
Onlinedokumente 41, 103
organisationsweites Wissensmanagement 126

P
Patterns 11, 131, 133, 137
PDF-Dokumente 45
Planung 49
Planungstransparenz 59
Portfolio 122, 143
Product Backlog 52
Product Owner 58
Produktdokumentation 15, 55, 57, 85, 114, 115, 149
Projektdokumentation 15, 34, 96, 114, 115, 144
Projektdokumente 96
Projekt-Wiki 37
Prozessdokumentation 16, 145
Prozessframework 2

Q
Qualität der Dokumentation 74

R
Rational Unified Process (RUP) 2
Redaktionshandbuch 116
Refactoring 120
Retrospektive 75, 121, 126
    Sprint-~ 122
Review 74
Reviewkultur 75
RUP *siehe Rational Unified Process*

S
Schlagwörter 96, 120
Schnittstellendokumentation 41
schriftliche Dokumentation 21
schrittweise Einführung eines agilen Vorgehens 134
Scrum 6
skalierbare Dokumentation 22
Spiralmodell 2
Sprint 50
    Backlog 60
    Planung 59
    Retrospektive 122
Systemdokumentation 15, 34, 56, 57, 68, 82, 114, 117, 147

T
Tabellen 100
tacit knowledge 126
Tags 120
Taskboard 61
Teamwork 33
Techniken 29
    Generierungs~ 43
technische Dokumentation 89
technisches Konzept 82
Templates 106, 110
Terminologie 123
Test-Driven Development 7
testgetriebene Entwicklung *siehe Test-Driven Development*
Tools *siehe Werkzeuge*
Transparenz 59, 61
Typografie 105

U
Überblick 79
Überblicksdokumente 81
Überschneidungen zwischen verschiedenen Dokumenten 103
Umfang der Dokumentation 17
Umgang mit der Dokumentation 113
UML-Diagramme 99
Unternehmenskultur 123
User Story 51

V

Verantwortung 73
Verknüpfungen von Dokumenten 103
Verständlichkeit 97
    der Dokumentation 88
Verständnis 8
Vertrauen 54
V-Modell 2

W

Wasserfallmodell 3
Werkzeuge 29, 30
Werkzeugunterstützung 30
Whiteboard 100

Wiki 32, 33, 72, 96, 102, 106, 119
    Gardener 38, 72
    Projekt-~ 37
Wissen 94, 125
    langfristig relevantes 20
Wissensmanagement 125
    organisationsweites 126
write-only documentation 8

X

XP *siehe eXtreme Programming*

Ziffern

4-Augen-Prinzip 75